Schamanismus und Schizophrenie

Europäische Hochschulschriften
Publications Universitaires Européennes
European University Studies

Reihe XIX
Volkskunde/Ethnologie
Abt. B Ethnologie

Série XIX Series XIX
Ethnologie, anthropologie culturelle et sociale
B/ethnologie-générale
Anthropology-Ethnology
Section B: Ethnology

Bd./Vol. 63

PETER LANG
Frankfurt am Main · Berlin · Bern · Bruxelles · New York · Oxford · Wien

René Dehnhardt

Schamanismus und Schizophrenie

Bibliographic Information published by Die Deutsche Bibliothek
Die Deutsche Bibliothek lists this publication in the Deutsche Nationalbibliografie; detailed bibliographic data is available in the internet at <http://dnb.ddb.de>.

Gedruckt auf alterungsbeständigem,
säurefreiem Papier.

ISSN 0721-3549
ISBN 3-631-50885-9

© Peter Lang GmbH
Europäischer Verlag der Wissenschaften
Frankfurt am Main 2003
Alle Rechte vorbehalten.

Das Werk einschließlich aller seiner Teile ist urheberrechtlich geschützt. Jede Verwertung außerhalb der engen Grenzen des Urheberrechtsgesetzes ist ohne Zustimmung des Verlages unzulässig und strafbar. Das gilt insbesondere für Vervielfältigungen, Übersetzungen, Mikroverfilmungen und die Einspeicherung und Verarbeitung in elektronischen Systemen.

Printed in Germany 1 2 4 5 6 7

www.peterlang.de

Inhaltsverzeichnis

Vorwort

Schamanentum ist als kulturelles Phänomen besonders in Nord- und Zentralasien verbreitet und ausgeprägt. Die ethnologische Wissenschaft hat es seit ihren Anfängen im 19. Jahrhundert immer wieder beschäftigt, und ethnographische Beschreibungen von Schamanen und schamanischen Heilritualen sind in den letzten Jahrzehnten auch von esoterischen Kreisen unserer modernen westlichen Welt aufgegriffen und praktisch nachvollzogen worden. Das Schamanentum in der ursprünglichen Form, wie es Dehnhardt in dieser Studie untersucht, ist eine zentrale gesellschaftliche Institution. In ihr werden Individuen mit merkwürdig exzentrischem Verhalten zunächst als krank wahrgenommen, dann therapiert, und sie nehmen nach Abschluss dieses Prozesses meist eine geachtete Rolle in ihrer Gesellschaft ein.

Ethnologen haben in der Vergangenheit alle möglichen Fragen im Zusammenhang mit Schamanen gestellt und vermeintlich auch beantwortet. Die wichtigste war, ob es sich bei Schamenen um Geisteskranke handle. Forscher, die sich der empathischen Darstellung und Beurteilung fremder Völker verpflichtet fühlten, haben das meist vehement und oft nur scheinbar sachlich verneint. Denn Krankheit, zumal Geisteskrankheit, gilt bei uns als Makel, und damit mochten diese wohlmeinenden Forscher von ihnen studierte Völker nicht identifizieren. Freilich gab es auch die gegensätzliche Position, die aus mangeldem Einfühlungsvermögen in die Welt arktischer Völker diese insgesamt und pauschal als unter „arktischer Hysterie" leidend, als arme Kranke also, abgetan haben. Auf alle Fälle ist das Studium des Schamanentums in der Ethnologie stets emotional belastet gewesen und damit nicht leicht sachlich aufzuarbeiten.

Der Autor greift diese oft gestellte Frage nach dem Krankheitsaspekt des Schamanentums auf und konzentriert seine Untersuchung auf Schamanen als Schizophrene. Die These ist provokativ und zugleich sinnvoll, weil nur das Krankheitsbild der Schizophrenie mit ihren Spielarten und Phasen in den Grundsymptomen schulmedizinisch so klar bestimmt und nachvollziehbar ist, dass ein Vegleich mit ethnographischen Berichten Ergebnisse zeitigen kann. Das psychiatrische Kranheitsbild und die Diagnosemöglichkeiten im Rahmen westlicher Medizin, westlicher Psychiatrie und westlicher Psychologie werden ausführlich dargestellt, denn es muss eine Vegleichsbasis für die schwierig zu interpretierenden ethnographischen Daten geschaffen werden. Und dazu verhilft besonders die von Dehnhardt verwendete und graphisch dargestellte Differentialdiagnose der Schizophrenie unter Einbeziehung unbehandelter Psychosen. Den auf dieser Grundlage vorgenommenen Vergleich mit Verlaufsmustern nord- und zentralasiatischer Schamanen-Karrieren interpretiert Dehnhardt überzeugend und vorurteilsfrei als durchaus in das Bild einer Psychose, speziell der Schizophrenie passende Persönlichkeitsentwicklungen.

Hier bleibt er jedoch nicht stehen, sondern er fragt weiter, warum Schizophrenie bei uns und bei traditionellen asiatischen Gesellschaften eine so andere soziale Rolle einnimmt, und warum Schamanen meist auch ein so anderes persönliches Leben führen, als es Schizophrene und andere psychisch Kranke bei uns tun. Die Antwort ist einfach und naheliegend, wurde aber bisher von Forschern, die unser Gesundheitssystem und unsere Begriffe von ‚gesund' und ‚krank' naiv als allgemeingültig voraussetzen, nicht befriedigend beantwortet. Psychische Krankheit in unserem Sinne wird bei Naturvölkern anders kategorisiert und behandelt. Dort ist es für abweichende Charaktere und Persönlichkeiten möglich, als Schamanen ein erfülltes, anerkanntes und gesellschaftlich nützliches Leben zu führen, ohne als ‚krank' stigmatisiert und ausgegrenzt zu werden. Mit diesem Ergebnis hat Dehnhardts Studie also hohe Brisanz und Relevanz für unser eigenes Gesundheitswesen, und es ist zu hoffen, daß sie eine entsprechende Diskussion auslöst.

René Dehnhardt hatte die vorliegende Studie 1999 als ethnologische Magisterarbeit der Universität Bonn vorgelegt, und sie war auf meinen Vorschlag hin von der Philosophischen Fakultät mit dem höchsten Prädikat ausgezeichnet worden. Daher freue ich mich, dass sie jetzt überarbeitet als Buch allgemein zugänglich wird.

Bonn-Plittersdorf,
im Dezember 2002

Prof. Dr. Berthold Riese

1 Einleitung

Diese Arbeit geht der Frage nach, ob ein Zusammenhang zwischen Schamanismus und Schizophrenie besteht, und welcher Art dieser sein könnte. Es wird dazu untersucht, ob auf phänomenologischer Ebene ausreichende Entsprechungen und Ähnlichkeiten vorliegen, die eine Vergleichbarkeit von Schamanen und Schizophrenen rechtfertigen. Diese Frage ist insofern von besonderer Bedeutung für den gesamten Komplex des Schamanismus, da schon die ersten Reisenden und Ethnographen in Sibirien und im nördlichen Zentralasien in ihren Berichten die besondere geistige Konstitution des Schamanen betonen und häufig direkte Bezüge zu diversen Geisteskrankheiten herstellen (J. Haas 1976:45-51). Letztendlich kann eine positive Beantwortung dieser Frage auch für den Umgang mit der Schizophrenie von Bedeutung sein, da die zentrale soziale Rolle des Schamanen in seiner Kultur auf den ersten Blick als unvereinbar mit den negativ belasteten Folgen einer Schizophrenie erscheint.

1.1 Definitionen

Im Rahmen dieser Arbeit wird Schamanismus als ein religiöses Weltbild aufgefasst, in dem der Existenz von Geistwesen eine zentrale Bedeutung zukommt. Diese Geister lassen sich charakterisieren als Tiergeister, Geister in, im Verständnis der westlichen Kultur, unbelebten Dingen, wie Bäumen oder Steinen, als Seelen Verstorbener sowie weitere Geister, etwa solche, die Einfluss nehmen auf das Wetter oder das Jagdglück.

Die sichtbare Welt, in der die Menschen leben, stellt in diesem Weltverständnis nur eine Schicht der gesamten Welt dar, die mindestens drei Schichten umfasst. Zwischen der Oberwelt und einer Unterwelt, häufig gleichzeitig das Reich der Toten bzw. ihrer Seelen, befindet sich die mittlere Welt, in der die Menschen leben, und an die zumindest der Körper der Menschen während ihres Lebens fest gebunden ist.

Alle Weltenschichten sind von Geistern bewohnt, die zum Teil von dort aus Einfluss auf für die Menschen relevante Dinge nehmen, indem sie das Wetter bestimmen oder auf das Vorhandensein von Jagdtieren bzw. auf das Jagdglück einwirken. Viele Geister sind zudem nicht fest an eine der Schichten gebunden, sondern können nach Belieben zwischen verschiedenen wechseln. Dann fügen sie dem Menschen in der mittleren Schicht eventuell Schaden zu, dringen in ihn ein und erzeugen damit einen Zustand, der als Besessenheit bezeichnet wird, oder sie rauben seine Seele. Erkennbar wird dies daran, dass der betreffende Mensch erkrankt.

Dem Schamanen kommt nun die Aufgabe zu, die vielfach negativen Einwirkungen der Geister zu erkennen und für Abhilfe zu sorgen. Dazu muss er im Stande sein, mit den Geistern direkt oder indirekt zu kommunizieren, sowie seine Seele in die anderen Schichten der Welt reisen zu lassen. Dort fängt er, in Form seiner vom Körper losgelösten Seele, die verlorenen Seelen anderer Menschen ein, oder bringt von dortigen Geistern die Gründe für ihre Verstimmung in Erfahrung, die sich in der Welt der Menschen in verschiedensten negativen Auswirkungen zeigt. Die Rolle des Schamanen steht in der Regel sowohl Männern als auch Frauen offen (Winkelman 1986:28-29).

Auch wenn dem Schamanen als Einzelperson hier das primäre Interesse gilt, muss berücksichtigt werden, dass es als fester Bestandteil einer ihn umgebenden Gruppe existiert, die mit ihm die genannte Weltsicht teilt. Ohne eine solche Gruppe ist ein Schamane als isoliertes Wesen nicht denkbar.

Der Terminus *Schamanismus* und seine Derivate werden im Zusammenhang mit dem so definierten, eher abstrakten Weltbild verwendet. Dagegen bezieht sich der Terminus *Schamane* zusammen mit den hiervon abgeleiteten Formen, etwa *schamanisch*, auf konkret mit der Person desselben zusammenhängende Faktoren, also etwa das besondere Erleben oder den Bewusstseinszustand des Schamanen.

Die Schizophrenie bezeichnet eine Gruppe von psychischen Störungen aus der Gruppe der endogenen Psychosen, wobei eine Reihe von psychischen Symptomen genügend Gemeinsamkeiten aufweisen, um eine Einordnung unter einen einzigen Begriff zu rechtfertigen. Sie ist häufig gekennzeichnet durch Wahn und Halluzinationen (Cooper 1997:1981). Psychosen zeigen sich in einer erhöhten Abnormität, Heftigkeit und Zerrüttung der Persönlichkeit (Lorr 1997:1796), und repräsentieren damit das, was im normalen Sprachgebrauch unter Geisteskrankheiten verstanden wird. Endogene Psychosen entstehen ohne erkennbare körperliche Ursachen und kausalen Zusammenhang mit Erlebnissen. Es wird jedoch angenommen, dass die Entstehung in Störungen des normalen Neurotransmitterhaushalts begründet ist (Böning 1997:1803). Diese Klassifikation scheint sich insofern zu widersprechen, als auch Neurotransmitter aus dem Körper stammen. Sie erhält jedoch dadurch ihre Berechtigung, dass die Ursachen der Änderung des Neurotransmitterhaushalts unbekannt sind, oder verschiedene sein können

(Scharfetter 1986:22). Im Verlauf dieser Arbeit wird der Begriff der Psychose als Krankheit dahingehend erweitert, dass er lediglich eine Gruppe von Symptomen beinhaltet, ohne damit einen zwingend „krankhaften“ Zustand benennen zu wollen. Näheres dazu findet sich in Kapitel 3.

Diese Arbeit wird sich auch mit der Möglichkeit der Übertragbarkeit des euro-amerikanischen Krankheitskonzepts der Schizophrenie auf fremde Kulturen auseinandersetzen. Die langwierige Diskussion um kulturspezifische Krankheitskonzepte kann dadurch vermieden werden, indem die kulturinterne Wertung als Maßstab herangezogen wird. Damit wird eine Krankheit in einer bestimmten Kultur dann als gegeben gesehen, wenn bestimmte Symptomenbilder von der betreffenden Kultur selbst als solche gewertet werden. Die erkennbaren Symptome resultieren in der Regel aus Abweichungen von einer physiologischen (biologischen) oder psychischen Norm, wobei die psychische Norm stärker kulturell geprägt ist und damit einer großen Variabilität unterliegt.

Eine Übertragung von Krankheitsbegriffen auf eine andere Kultur ist nur dann problemlos möglich, wenn entsprechende und vergleichbare Symptomenbilder in beiden Kulturen als Krankheit gewertet werden. Konkret auf das Vorhaben dieser Untersuchung bezogen, bedeutet das, die Schizophrenie wird nur dann in einer anderen Kultur diagnostiziert, wenn in dieser der Schizophrenie entsprechende Symptomenbilder vorkommen und diese auch als Krankheit angesehen werden. Nicht notwendig ist eine kulturintern vorhandene Differenzierung verschiedener, der euro-amerikanischen Diagnostik entsprechender Krankheitsbilder, das heißt es ist ausreichend für die Identifikation etwa der Schizophrenie, wenn beispielsweise alle Symptomenbilder, die in unserer Kultur als Psychosen diagnostiziert werden, in einer anderen Kultur ohne weitergehende Differenzierung, als unspezifische Geistes-Krankheit angesehen werden.

Besonderheiten oder Abweichungen psychischer und psychophysiologischer Prozesse können dagegen unabhängig von ihrer kulturellen Wertung als solche erkannt und beschrieben werden, da die menschliche Psyche bei allen Menschen den gleichen Grunddynamiken folgt. So ist es beispielsweise für die Erkennung von Halluzinationen nicht notwendig, dass sie von der umgebenden Kultur als „irreal“ gewertet werden. Die Tatsache, dass ein Mensch Dinge wahrnimmt, meistens sieht oder hört, die andere Menschen seiner Umgebung nicht wahrnehmen, ist unabhängig von der Reaktion des

Umfeldes auf diese individuellen Wahrnehmungen, und damit als isolierbares Symptom, grundsätzlich feststellbar. Die Begriffe, die in vorliegender Arbeit zur Beschreibung dieser Besonderheiten verwendet werden, sind allein in ihrer deskriptiv kategorisierenden Bedeutung zu verstehen und in diesem Sinne wertfrei. Dass einige dieser Begriffe besonders im allgemeinen Sprachgebrauch negativ konnotiert sind, muss hingenommen werden, da ohne diese Begriffe keine Beschreibung dieser Besonderheiten möglich ist und die Suche nach (noch) wertfreien Alternativen zu Lasten der Präzision der Begrifflichkeiten ginge.

1.2 Forschungsstand

Die hier zur Untersuchung anstehende Frage ist in dieser oder ähnlicher Art schon mehrfach von verschiedenen Autoren thematisiert worden. Die allgemein formulierte Ansicht über eine bei Schamanen im nordasiatischen Raum vorherrschende Absonderlichkeit der Psyche finden sich schon in der ersten Hälfte des 20 Jahrhunderts in den ersten ethnographischen Berichten und Arbeiten über diesen Raum. Sie sind für vorliegende Arbeit in ihrer Begrifflichkeit jedoch zu unspezifisch, da zu diesem Zeitpunkt die Beschreibung der Schizophrenie als Krankheit noch sehr jung war und die damaligen Kriterien von Geisteskrankheiten im Vergleich zu den heute gebräuchlichen eher vage definiert waren. Eine Zusammenstellung dieser Arbeiten findet sich bei J. Haas (1976:47-53), auf die für Interessierte verwiesen sei. Ebenfalls dort finden sich Nachweise von Arbeiten, die versuchen, einen Zusammenhang des Schamanismus mit anderen psychischen Erkrankungen als der Schizophrenie herzustellen. Einen entsprechenden Abriss der zum Teil nur schwer zugänglichen russischen Literatur liefert Basilow (1995:117-120), worauf hier ebenfalls ein Verweis genügen mag. Diese beiden Gruppen von Untersuchungen sind für die vorliegende Arbeit nur insoweit von Bedeutung, wie sich aus ihnen direkte Aussagen zu Phänomenen des Schamanismus ableiten lassen.

Damit lässt sich die Menge der relevanten Arbeiten auf ein überschaubares Maß zusammenfassen, wobei diese im Folgenden nicht in ihrer chronologischen Abfolge, sondern qualitativ gesondert in zustimmende und ablehnende, bezogen auf ihren Standpunkt des hier zur Klärung anstehenden Zusammenhangs, betrachtet werden.

1.2.1 Zustimmende Meinungen

Devereux (1971) erarbeitet in seinem 1956 erstmals erschienenen Artikel die Grundlagen einer psychiatrischen Anthropologie. Als Beispiel wählt er die Frage nach der Normalität des Schamanen im psychiatrischen Sinne (24). Dass dazu allein die Anpassung an das kulturelle Umfeld kein geeignetes Instrument zur Erfassung der Normalität darstellt, erläutert er anhand eines Beispiels, in dem er die verschiedenen Ausprägungen von Anpassung unter wechselnden politischen und kulturellen Bedingungen beispielhaft darstellt und so die Relativität des Begriffs Anpassung veranschaulicht (24-25).

Aufgrund des Verhaltens des oft leidenden Schamanen sieht er keinen Grund, den Schamanen nicht als schwer neurotisch oder psychotisch zu beschreiben, ihn als geistesgestört anzusehen (28). Ebenso sieht er die konträre Meinung, dass Schamanen weniger krank seien, als von der betreffenden Kultur anerkannte psychotisch Kranke, keinesfalls von den Beobachtungen bestätigt, besonders bei zukünftigen Schamanen nicht. Zusätzlich weist Devereux darauf hin, dass die erkennbare Deutlichkeit psychischer Symptome in keinem direkten Zusammenhang mit der Schwere der zugrunde liegenden Störung steht (29-30). Damit verweilt Devereux nicht bei der Frage, ob der Schamane psychisch krank ist, denn davon geht er nach seinen Beobachtungen aus, sondern versucht zu klären, warum nicht jeder neurotische oder psychotische Mensch in dieser Kultur ein Schamane wird. Den Grund hierfür sieht Devereux darin, dass bei einem Schamanen die krankheitsauslösenden Teile des Ich in den ins Unterbewusste verdrängten Impulsen liegen, die in der betreffenden Kultur jedes Mitglied zu verdrängen gelernt hat (30). Diesen Teil des Unbewussten nennt er das „ethnische Unbewusste“ (*ethnic unconscious*) (25-26). Damit ist die Grundlage für die neurotischen oder psychotischen Symptome des Schamanen kulturspezifisch, und den anderen Mitgliedern der Kultur zumindest unbewusst bekannt. Sein Verhalten erscheint also verständlich und ist in gewisser Weise angstlösend, da stellvertretend für die Probleme der gesamten Gruppe (30-31). Die häufig der Initiation des zukünftigen Schamanen vorangehende „Heilung“ durch einen anderen Schamanen bewirkt damit eine Umstrukturierung des verdrängten Materials in konventionalisierte Muster des ethnischen Unbewussten. Lediglich in diesen Mustern unterscheidet sich der Schamane von einem „normalen“ psychotischen Menschen seiner Kultur, dessen

Krankheitsursachen Devereux in eher persönlichen, nicht kulturtypischen Problemen sieht (31). Der Schamane bleibt damit aber in jedem Fall abnormal, und kann, da er sich lediglich in Remission* befindet, bei weiteren Belastungen jederzeit wieder einen Rückfall erleiden (32). Eine wirkliche Heilung ist also bei einem Schamanen nicht zu erkennen, da eine Heilung ohne Krankheitseinsicht (*cure without insight*) keine Heilung im psychiatrischen Sinne darstellen kann (33).

Daher kommt Devereux zu dem Schluss, dass der Schamane, als neurotisch oder psychotisch schwer gestörter Mensch, auch wenn in Remission, dringend psychiatrischer Hilfe bedarf. Es sei zwar angepasst, aber nur an eine einzige soziale Position, und nicht weiter anpassungsfähig. Gerade diese Anpassungsfähigkeit sieht Devereux als den zentralen Punkt der geistigen Gesundheit an (41).

Die angestrebte Behandlung soll jedoch nicht darauf abzielen, den Schamanen seiner Kultur zu entfremden oder ihr ein zentrales Element zu nehmen. Nach Devereux reicht es in den betreffenden Kulturen nach seiner eigenen Erfahrung völlig aus, wenn jemand den Schamanen „spielt" und seine Rolle einnimmt (42-43).

Zusammenfassend stellt Devereux, ausgehend von der Überzeugung, dass es sich bei grundlegenden psychodynamischen Prozessen um universelle Phänomene handelt (39), einfach fest, dass Schamanen neurotisch oder psychotisch gestört sind und erklärt die Tatsache, dass sie von ihrer Gruppe nicht als krank gesehen werden damit, dass ihre Erkrankung einem konventionalisierten Muster folgt. Argumente der Anpassung oder Heilung des Schamanen lässt er nicht gelten und fordert folglich eine Behandlung der gestörten Schamanen.

Silverman (1967) vergleicht die verschiedenen Phasen auf dem Weg zu einer akuten Schizophrenie mit den aufeinander folgenden Stufen in der Entwicklung eines zukünftigen Schamanen. Er geht dabei von der Voraussetzung aus, dass die beobachtbaren Ähnlichkeiten im Verhalten von Schizophrenen und Schamanen ihre Ursache in identischen grundlegenden kognitiven Prozessen haben (21). Seine Definition des Schamanismus entspricht weitgehend der hier verwendeten (22), jedoch unterscheidet sich seine Unterteilung der Schizophrenie auf Grund der zeitlichen Distanz von der des *Diagnostischen und statistischen Manuals psychischer Störungen* (DSM-III-R), die dieser Arbeit zugrunde liegt. Ausgehend von identischen Ausgangssituationen des Prä-

* von lat. *remissio*, „Nachlassen". Bezeichnet einen Zustand, in dem einzelne Symptome einer Krankheit bis zur Unkenntlichkeit zurückgehen, ohne dass die Krankheit beendet wäre.

Schamanen und des Prä-Schizophrenen kommt er zu dem Ergebnis, dass die letzte Phase, die kognitive Reorganisation und Integration der besonderen Erlebnisse, nur bei dem Schamanen wirklich erfolgreich verläuft (29). Dieser Umstand liegt seiner Meinung nach darin begründet, dass die den Betreffenden jeweils umgebende Kultur nur dem Schamanen mit Akzeptanz gegenübertritt (23, 28). Damit verläuft diese Reorganisation für den Schamanen erfolgreich, er kann seine zugrunde liegenden persönlichen Probleme lösen, während dieselbe Reorganisation des Schizophrenen von seiner Umwelt nicht als erfolgreich und angemessen betrachtet wird. Er wird als krank bezeichnet und folglich aus der Kultur ausgegrenzt (29).

Diese Untersuchung vergleicht also eher die kognitiven Ähnlichkeiten zwischen Schizophrenen und Schamanen und begründet die abweichenden Endstadien mit der unterschiedlichen Akzeptanz seitens der jeweiligen Kultur.

Zu diesen Arbeiten ist kritisch anzumerken, dass sie versuchen, das Konzept der Schizophrenie unverändert auf fremde Kulturen zu übertragen. Besonders Devereux muss sich daher dem Vorwurf des Eurozentrismus stellen, da er die kulturinterne Sichtweise außer Acht lässt und von außen kommend eine Entscheidung zwischen krank und gesund fällt.

1.2.2 Ablehnende Meinungen

Die gegen den Zusammenhang von Schizophrenie und Schamanismus vorgebrachte Kritik stammt meistens aus der Reihe der Ethnologen und ist in ihrer Art eher diffus, lässt sich aber in verschiedene Hauptargumente unterteilen. Vertretend für die ablehnende Position wird im Folgenden überwiegend Walsh (1998) herangezogen, da er eines der neuesten Werke zum Schamanismus publiziert hat, und in diesem auch explizit auf den hier zu untersuchenden Zusammenhang eingeht.

1.2.2.1 Krankheitsdefinition

Schon Eliade hat darauf hingewiesen, dass ein Schamane während seiner Berufungsphase eventuell von seiner Kultur als krank eingestuft wird, doch der praktizierende Schamane gilt als geheilt, das heißt gesund. Er betont, dass Schamanen in ihrer Kultur meist die aktivsten und angesehensten Menschen sind, die durch den Gesunden oft übertreffende Leistungen ausgezeichnet sind. Es ist damit keine Grundlage dafür vorhanden, einen Gesunden mit einer Krankheit zu etikettieren (Eliade 1957:37-40).

Auch ist eine direkte Übertragung des Terminus „Schizophrenie" nicht so einfach zu rechtfertigen, da praktisch alle Kulturen in ihrer Sprache über Begriffe für Geisteskrankheiten verfügen (Pfeiffer 1994:2), und zusätzlich viele Kulturen zwischen schamanischen Zuständen und Geisteskrankheiten differenzieren (Walsh 1998:113).

1.2.2.2 „Meister der Ekstase"

Der auf Eliade zurückzuführende Begriff des „Meisters der Ekstase" beinhaltet, dass der Schamane Kontakte zu den Geistern unterhält, ohne dabei zu deren Instrument zu werden (Eliade 1957:15). Somit sind auch nicht die zum großen Teil bei der Berufung eines Schamanen auftretenden „Anfälle" von direkter Bedeutung, sondern allein der Umstand, dass es der Schamane schafft, diese Zustände zu „meistern" und zu kontrollieren (Eliade 1957:38). Diese Ansicht übernimmt auch Walsh (1998:275). Noll fügt dem noch hinzu, dass ein Vergleich des Schamanen mit einem Schizophrenen so lange falsch und irreführend bleiben wird, bis eine Form der Schizophrenie gefunden wird, deren Symptome sich ein ganzes Leben lang kontrollieren lassen. Das den Schamanen auszeichnende Kriterium liege darin, dass er sich freiwillig in einen besonderen, veränderten Bewusstseinszustand begebe, und diesen auch nach seinem Willen jederzeit beenden könne (Noll 1983:454).

Als weiteren bedeutsamen Unterschied zwischen Schamanen und Schizophrenen führt Walsh qualitative Differenzen im Erleben beider an. Seiner Meinung nach kann „im Gegensatz zur fast immer vorhandenen Angst des Schizophrenen [...] der Schamane die Reise [seiner Seele] staunend und mit Beglückung erleben" (Walsh 1998:275).

1.2.2.3 Verlaufsprognose

Häufig insistieren die Autoren dieser Untersuchungen auf einem angeblich äußerst negativen Verlauf der Schizophrenie, die nicht zu dem gesund und kreativ erscheinenden Schamanen passen kann (J. Haas 1976:199; Noll 1983:450). Walsh betont, dass der Schizophrene hilflos in seiner illusionären und durch Wahn gekennzeichneten Welt lebt, ohne auch nur die Fähigkeit zu haben, dieses zu erkennen (Walsh 1998:108). Damit leiste der Schizophrene keinen Beitrag zur Gesellschaft, während der Schamane gerade hierdurch definiert werde (114).

Lediglich J. Haas schließt letztendlich die Möglichkeit nicht aus, dass die degenerativen Erscheinungen bei Schizophrenen auch als „Folge des Umgangs mit diesen Abweichlern" in industriellen Gesellschaften gesehen werden können (J. Haas 1976:200).

1.2.3 Zusammenfassung

Gemeinsam ist vielen der hier genannten Untersuchungen, dass sie es unterlassen, den Begriff „Schamane" hinreichend genau zu definieren und zu differenzieren. Damit ist es aber den Mitgliedern der beiden Gruppen möglich, die jeweils andere durch scheinbare Gegenbeispiele zu widerlegen, ohne dass es zu einer wirklichen Kommunikation zwischen den Lagern und damit zu einer weiterführenden Diskussion kommt.

Bei Devereux kommt hinzu, dass er nur unscharf zwischen zukünftigen und praktizierenden Schamanen unterscheidet (Devereux 1971:28-29). Doch kommt besonders dieser Unterscheidung im Rahmen einer psychopathologischen Untersuchung eine herausragende Bedeutung zu, da mit dem Eintritt ins Schamanenamt die oft der Initiation vorangehende Schamanenkrankheit endet.

Zudem ist bei den Gegnern eines möglichen Zusammenhangs die Tendenz festzustellen, oberflächlich mit psychiatrischen Begriffen umzugehen, gerade diesen Vorwurf aber dem „gegnerischen" Lager zu machen. Dabei muss die Kritik von Walsh, die Diagnose „Schizophrenie" sei häufig von Forschern ohne entsprechendes Fachwissen gestellt worden (1998:113), vor dem Hintergrund verwundern, dass sich im Literaturverzeichnis seiner Abhandlung außer dem DSM-III kein einziges weiteres sich mit psychiatrischen Diagnosen, Psychosen oder der Schizophrenie befassendes Werk findet (1998:329-338). Doch gerade das DSM-III ist nicht geeignet, einen wirklichen Einblick in die Schizophrenie zu erhalten, da es auf klinischen Beschreibungen beruht und in seiner Art rein deskriptiv ist (DSM-III-R:XI)*. Dagegen ist Silverman als einer der Adressaten seiner Kritik selbst ein Psychiater, der sich vor der Untersuchung eines

---

* siehe dazu Kapitel 2.1.2

Zusammenhangs zwischen Schamanismus und Schizophrenie intensiv mit der Schizophrenie beschäftigt hat (Silverman 1967:31).

Zusätzlich werden die Aussagen speziell von Devereux und Silverman häufig aus dem Zusammenhang gerissen oder gar falsch zitiert. So schreibt Lewis, Devereux würde Kulturen, in denen Schamanismus vorkommt, als „krank" charakterisieren (Lewis 1989:162), während Devereux in Wahrheit lediglich darauf hinweist, dass Anpassung kein Kriterium für geistige Gesundheit darstellen kann, da ein Mensch für eine Anpassung an eine „kranke" Gesellschaft selbst „krank" sein oder werden muss (Devereux 1971:24-25). Dass aber Devereux nicht die gesamte schamanistische Gesellschaft als krank bezeichnet, folgt schon aus seiner Schlussfolgerung, dass lediglich der Schamane behandlungsbedürftig sei (1971:41). Hielte er dagegen die gesamte Kultur für „krank", so würde man konsequent erwarten, dass Devereux die gesamte Kultur als behandlungsbedürftig bezeichnen würde, was aber nicht der Fall ist.

Auch weist Walsh darauf hin, dass ein Mangel an direkten persönlichen Erfahrungen mit schamanischem Erleben eine Beurteilung desselben unmöglich mache (Walsh 1998:95-96). Entsprechend müsse einem nur mit den diagnostischen Handbüchern Vertrautem, der keine persönlichen Erfahrungen mit schamanisch veränderten Bewusstseinszuständen habe, dieses als psychotisch erscheinen (Noll 1983:452).

Zum einen steht diese Meinung im Widerspruch zu klassischen wissenschaftlichen Prinzipien. Bei ihrer konsequenten Anwendung würde Forschung nach diesem Kriterium den jeweiligen Forscher also nur auf das von ihm selbst Erlebte beschränken, wodurch Wissenschaft im bekannten Sinne ihrer Grundlagen beraubt und unmöglich wäre. Zum anderen müssen sich die Befürworter dieses Arguments konsequenterweise der Frage stellen, mit welcher Berechtigung sie über Schizophrene urteilen können, ohne selbst schizophren gewesen zu sein. Zudem stellt sich die Frage, wie sie zu dem Wissen gekommen zu sein glauben, dass ihr persönliches Erleben mit dem von „echten" Schamanen übereinstimmt.

Dieser Kritikpunkt bedarf also keiner weiteren Beachtung.

Für eine differenzierte Betrachtung ist es außerdem unerlässlich, genauer den Begriff der Krankheit zu berücksichtigen. Dabei ist eine einfache Übertragung genauso wenig zu befürworten, wie eine rein an kulturinternen Maßstäben ausgerichtete Position. Ein Ablehnen der Möglichkeit einer Erkrankung des Schamanen allein aufgrund der Tatsache, dass er in seiner Kultur eine Funktion erfüllt, bedeutet, eventuell vorhandene Symptome aufgrund ihrer gesellschaftlichen Akzeptanz zu leugnen. In diesem Zusammenhang ist besonders zu beachten, dass ein bloßes „Funktionieren" nicht mit Gesundheit verwechselt oder gleichgesetzt werden kann.

1.3 Vorgehensweise

Vor dem Hintergrund der Kritik wird in Kapitel 2 zuerst die Schizophrenie im Sinne der modernen Psychiatrie dargestellt, unter besonderer Berücksichtigung der üblichen Diagnosekriterien und unter Zuhilfenahme detaillierterer (Einzel-)Fallbeschreibungen, um so zu einem gewissen Verständnis der Schizophrenie zu gelangen. Besondere Beachtung wird hierbei denjenigen Faktoren geschenkt, die in der Kritik angeführt worden sind. Dabei wird auch die Verbreitung der Schizophrenie in anderen Kulturen berücksichtigt sowie die Frage, ob sie in diesen ebenfalls als Krankheit gewertet wird.

In Kapitel 3 werden unbehandelte Psychosen dargestellt, um den engen Rahmen der Krankheiten zu durchbrechen. Diese Zustände sollten in unserer Kultur nicht als Krankheit bezeichnet werden, da die betreffenden Personen ihr psychotisch verändertes Erleben über lange Zeiträume meistern, ohne behandlungsbedürftig zu werden. Damit steht einem Vergleich mit Symptomenbildern in anderen Kulturen nichts im Wege, auch dann nicht, wenn diese dort nicht als Krankheit gewertet werden.

Anschließend wird in Kapitel 4 die Frage geklärt, inwieweit sich bei ausgewählten Schamanen mit der Schizophrenie oder unbehandelten Psychosen vergleichbare Symptome finden lassen. Dazu werden besonders die in der Kritik angeführten Punkte berücksichtigt und in den Mittelpunkt gerückt. Im Fokus steht dabei die Person des Schamanen im Hinblick auf seinen Bewusstseinszustand während der Séance. Da die Auswahl der Beispiele in dieser Untersuchung auf diejenigen Fälle beschränkt ist, welche für einen Vergleich in Frage kommen, ist diese Untersuchung in ihrer Art rein qualitativ. Aussagen über den gesamten komplexen Bereich des Schamanismus sind mit dieser Betrachtungsweise nicht möglich, da nur einzelne ausgewählte Aspekte des

Schamanismus an einzelnen Schamanen betrachtet werden. Solche Aussagen sind auch nicht beabsichtigt.

1.4 Quellenauswahl

Die Auswahl der Quellen über den Schamanismus beschränkt sich hauptsächlich auf Zentralasien und Sibirien, da diese Gegenden in der Literatur gut beschrieben sind und vergleichbare Arbeiten über den Zusammenhang mit Geisteskrankheiten auch meist Fälle aus diesem Raum zum Thema haben. Zusätzlich finden sich im sibirischen Schamanismus häufig Berichte über spontane Berufungen der Schamanen. Denn in direkter Folge aus der Fragestellung ergibt sich grundlegend eine weitere Beschränkung innerhalb der Gruppe der Schamanen auf diejenigen, die sich spontan berufen fühlen und keiner geregelten Nachfolge, etwa in Form der Erblichkeit des Amtes, unterliegen oder das Amt nach eigenem Willen erlernen. Diese Wege zum Erlangen des Schamanenamtes schließen von vornherein einen direkten Zusammenhang mit der Schizophrenie oder anderen endogenen Psychosen aus, da diese weder erlernbar, noch vererbbar sind.

Es werden aus dem großen Korpus der Literatur zum sibirischen und zentralasiatischen Schamanismus nur diejenigen Werke berücksichtigt, die direkte Informationen in der für diese Arbeit benötigten Art enthalten. Dabei wird bevorzugt neuere Literatur zurate gezogen, da diese einerseits neues Material bietet, andererseits die Autoren in der Regel einer einfachen pathologischen Grundlage des Schamanismus skeptischer gegenüberstehen.

Letztendlich ergibt sich damit eine nur punktuell einige der in diesem Raum ansässigen Gruppen erfassende, also keinesfalls erschöpfende Auswahl aus dem vorhandenen Material, die auch dadurch beschnitten ist, da auf Grund mangelnder Kenntnisse der russischen Sprache ein bedeutsamer Corpus an Untersuchungen ausgespart werden musste.

Völlig unberücksichtigt bleibt in dieser Untersuchung die Bedeutung des Schamanen in seiner Kultur, seine Funktion und soziale Rolle.

Die Literatur zur Beschreibung der Schizophrenie setzt sich einerseits aus einem diagnostischen Standardwerk und andererseits aus Lehrbüchern und klassischen Abhandlungen über die Schizophrenie zusammen. So ergibt sich ein fester diagnostischer Rahmen, der angefüllt wird mit teilweise speziellen Einzelbetrachtungen, die für ein grundlegendes Verständnis der Schizophrenie notwendig sind. Fallbeschreibungen runden das Bild ab und bieten konkrete Beispiele zu den sonst eher deskriptiv kategorisierenden Symptomenbeschreibungen.

Die Werke zu unbehandelten Psychosen stammen hauptsächlich aus dem Umfeld von Selbsthilfegruppen, die zum Teil durch eine extreme Ablehnung gegenüber der klassischen Psychiatrie gekennzeichnet sind. Sie liefern Erlebnisberichte, die für diese Arbeit von besonderer Bedeutung sind und wertvolle Einblicke in die subjektiven Erfahrungen und Erlebnisse im Verlauf einer Psychose erlauben.

2 Schizophrenie

> *Liebe, Körper, alles was die Schönheit dieser Welt ausmacht, ist mir verwehrt. Verdammt zu einem Pseudodasein. Ausgestoßen aus der Welt, die ich mir erschuf. Unter euch ein gequälter Geist, nicht zu euch gehörig und auch verstoßen von der anderen, der Welt des Todes. Hin und her gerissen zwischen unendlich vielen Welten, nirgends zu Hause. Eine andere Sprache sprechend, jene des Stummseins und der Verstummtheit ob der anderen Art. Alles ist vergänglich schmerzhafter Augenblick, so intensiv und unmittelbar, daß es unerträglich ist. Ein Wrack mit menschlichem Antlitz, dessen Erinnerungen alle mit Schmerzen verbunden sind. Keine Hoffnung auf Erlösung.*
> *(Gedicht eines anonymen Schizophrenen, in: Scharfetter 1994)*

Die Schizophrenie ist trotz relativ langer Bemühungen um eine definitive Diagnose eine immer noch schillernde und nur schwer zu beschreibende psychische Störung. Dieser Umstand lässt sich auch darauf zurückführen, dass kein einzelnes Symptom für sich genommen als allgemein krankheitsspezifisch gelten (Scharfetter 1986:27), und jedes Symptom für sich zum Beobachtungszeitpunkt in beliebiger Ausprägung erkennbar sein kann (E. Bleuler 1911:16). Auch hat „Die Schizophrenie“ im Laufe der Zeit wiederholt Veränderungen erfahren, und zwar derart, dass Schärfe und Weite des Begriffs variierten.

Der deutsche Psychiater Emil Kraepelin subsummierte 1896 unter dem auf andere zurückgehenden Begriff der „*Dementia praecox*“ erstmals die Bilder von psychischen Störungen, die weitestgehend der heutigen Schizophrenie entsprechen (Hoenig 1995:339). Dieser Begriff suggerierte allerdings einen ungerechtfertigt schlechten Verlauf der Störung, nämlich eine als unausweichlich gesehene Verblödung des Betroffenen. E. Bleuler fühlte sich aus diesem Grund und aufgrund der Feststellung, dass Störungen mit denselben Symptomen auch einen anderen Ausgang nehmen können, zu der Einführung des heute noch gebräuchlichen Begriffs „Schizophrenie“ veranlasst (E. Bleuler 1911:4-5).

Die typischen Symptome liegen in Störungen der Persönlichkeit, des Denkens, der Realitätsauffassung und Wahrnehmung, sowie Affektveränderungen (Scharfetter 1986:27). Dabei bleibt das Bewusstsein klar, worin sich ein weiteres Charakteristikum manifestiert, nämlich das nie völlig verschwindende Gesunde in dem Betroffenen (E. Bleuler 1975:399).

Die folgende Beschreibung der einzelnen Symptome lehnt sich, wenn nicht anders vermerkt, an Scharfetter (1986:27-29) an, da dieser einen eher verstehenden Ansatz mit dem Betroffenen im Fokus verfolgt, und sich damit von den sonst mehr formal beschreibenden Ansätzen unterscheidet (Bock 1997a:48).

Die Störungen der Persönlichkeit beinhalten eine subjektive Veränderung und Verfremdung der eigenen Person und einen Verlust der Selbstidentität. Der Betroffene kann glauben, keine Kontrolle mehr über seine Gedanken, Gefühle, seinen Willen und seine Wahrnehmung zu haben und empfindet diese häufig als von außen kontrolliert. Er hat das Gefühl, andere könnten seine Gedanken lesen oder sie ihm wegnehmen. Darin manifestiert sich die abnehmende Abgrenzung des eigenen Ichs gegenüber der Umwelt.

Das Denken verliert die üblichen Denkkategorien. Es kommt zur Vermischung nicht zusammengehöriger Dinge, Verwendung von Begriffen mit anderen Inhalten und dem exzessiven Gebrauch von Symbolen. Die Gedanken folgen, von außen betrachtet, unlogischen Verknüpfungen, sind sprunghaft oder bis zur Zerfahrenheit gelockert. Bei näherer Betrachtung findet sich aber häufig eine unerwartete „innere" Logik, die lediglich nicht den üblichen Wegen folgt (Arieti 1980:470-471). Ohne erkennbaren Sinn wiederholte Worte und Sätze treten ebenso auf wie Neuschöpfungen von Worten. Hinzukommende plötzlich abreißende oder gesperrte Gedankengänge bewirken, zusammen mit den genannten Denkstörungen, eine häufig fast unmöglich werdende Kommunikation mit dem Betroffenen, wobei dieser sich selbst von seiner Umwelt nicht mehr verstanden fühlt. Wenn man sich jedoch intensiv mit dem Betroffenen auseinandersetzt, „so bekommt das schizophrene Denken einen Sinn, und das Unverständliche wird verständlich" (E. Bleuler 1975:402).

Die Realitätsauffassung verändert sich derart, dass die Umwelt als verändert und bedeutungsgeladen gesehen wird. Der Versuch einer Sinngebung dieser empfundenen Veränderungen führt häufig zu verschiedenen Wahnvorstellungen, besonders Beziehungs-, Beeinflussungs- und Verfolgungswahn, in jeweils unterschiedlicher Intensität. Der Betroffene bleibt bei seinen Wahngedanken, auch wenn sie im deutlichen Widerspruch zu der von anderen, oder auch von ihm selbst in symptomfreien Augenblicken erlebten Realität stehen. Verliert der Betroffene in der Folge den Kontakt zu seiner Umwelt und den Mitmenschen, so kann er sich ganz in sich selbst zurückziehen.

Neben Änderungen in der Qualität der Wahrnehmung treten häufig Halluzinationen auf, meist in Form von Stimmenhören, das heißt akustischen Halluzinationen.

Die Affekte verlieren an Einheitlichkeit und manifestieren sich etwa in gleichzeitig auftretenden, sich widersprechenden Gefühlen. Es ist von außen kein Zusammenhang mehr von Situation und erkennbaren Gefühlsäußerungen feststellbar, diese frieren ein oder unterbleiben völlig.

Keines der beschriebenen Symptome tritt in jedem Fall auf und einzelne Symptome können einander abwechseln sowie in ihrer Ausprägung in Abhängigkeit von Zeit und Umgebung variieren (Scharfetter 1986:27). Häufig wird versucht, die Symptome qualitativ zu differenzieren, mit dem Ziel, Folgesymptome von Grundsymptomen zu trennen, um auf diesem Weg Aussagen über Ursachen zu machen und Prognosen über den weiteren Verlauf bzw. die Therapie zu stellen. Jedoch konnte keiner dieser Ansätze bisher den gewünschten Erfolg in der Isolierung des Grundsymptoms bringen. Doch haben sich die von Huber & Gross isolierten Basis-Symptome in der Praxis als nutzbar erwiesen. Sie können helfen, frühzeitig Maßnahmen gegen eine beginnende Schizophrenie zu treffen, sind jedoch in ihrer Art zu unspezifisch und stellen somit noch nicht den wirklichen Kern der Störung dar (Huber & Gross 1989:649-651).

Aufgrund bestimmter Symptomenkombinationen wird die Schizophrenie in verschiedene Untertypen geteilt, wobei diese je nach dem verwandten Ansatz zum Teil variieren. Bleuler (1911) unterschied ursprünglich zwischen vier Gruppen, die im Wesentlichen den noch heute verwendeten Einteilungen in den Diagnosekriterien entsprechen. Hier werden im Folgenden lediglich zwei dieser Typen, der paranoide und der katatone, kurz beschrieben.

Der paranoide Typ der Schizophrenie ist durch im Vordergrund stehende Wahnideen und Halluzinationen gekennzeichnet, wobei sich diese Patientengruppe am ehesten außerhalb der Kliniken findet, das heißt sie gelangen oft erst spät mit fortgeschrittenen Symptomen in die Psychiatrie (E. Bleuler 1975:428). „Alle schizophrenen Wahnformen, vor allem aber der Verfolgungswahn, ziehen ihre Nahrung zum großen Teil aus einem unbändigen *Beziehungswahn*. Alles was geschieht, kann Beziehung zu den Patienten haben, nicht nur, was die Menschen tun, sondern auch äußeres Geschehen: ein Gewitter, der Krieg usw." (E. Bleuler 1975:415). Heutzutage beziehen diese Menschen etwa auch „Inhalte aus dem Rundfunk oder dem Fernsehen oder der Zeitung auf sich oder die Gespräche von wildfremden Menschen, die auf der Straße an ihnen vorübergehen"

(Finzen 1995:63). „Die Wahnideen tauchen zu einem großen Teil im Zusammenhang mit Halluzinationen auf“ (E. Bleuler 1975:415), wobei neben typischen Körperhalluzinationen und dem Hören von Stimmen auch lebhafte optische Halluzinationen in akuten Phasen auftreten (E. Bleuler 1975:411).

> Die *Halluzinationen der Körperempfindungen* bieten eine unendliche Mannigfaltigkeit. Die Patienten werden geprügelt, gebrannt, mit glühenden Nadeln gestochen, die Beine werden ihnen kleiner gemacht, die Augen herausgezogen, die Lunge ausgesaugt, die Leber herausgenommen, an einen anderen Ort versetzt, der Körper wird auseinandergezogen und zusammengepreßt wie eine Ziehharmonika, eine Kugel läuft an der Schädeldecke von der Basis zum Scheitel, das Gehirn wird zersägt, der Herzschlag gehemmt oder beschleunigt, der Harn abgezogen oder zurückgehalten (E. Bleuler 1975:412).

Die gehörten Stimmen kommentieren meist einfach das aktuelle Handeln der Patienten, oder beschimpfen diese (E. Bleuler 1975:411-412). In akuten Zuständen wird im optischen Bereich durch den Betroffenen

> ein ganzes Milieu halluziniert; das Paradies, die Hölle, ein Schloß, ein Kerker, alles mit handelnden Insassen. Dabei kann die Wirklichkeit weghalluziniert oder im Sinne des halluzinierten Milieus umillusioniert sein; in besonneneren Fällen werden die Bilder zum Teil in dieselbe hineinversetzt, bei ganz klarem Bewußtsein alle (E. Bleuler 1975:412).

Bei dem katatonen Typ stehen katatone Symptome im Vordergrund. Diese zeigen sich meist in motorischen Auffälligkeiten, wie dem dauerhaften Einnehmen starrer Haltungen, früher oft monate- oder jahrelang. Oder sie sind ständig in Bewegung, ohne dass dabei ein Ziel erkennbar ist, führen stereotyp immer dieselben Bewegungen aus oder nehmen bestimmte Haltungen ein. Bei dem als *Stupor* bezeichneten Zustand bewegen sich die Kranken wenig, „sprechen wenig oder nicht, beschränken überhaupt den Verkehr mit der Umwelt möglichst. [...] In den schweren Fällen bestehen meistens massenhafte Halluzinationen aller Sinne mit Verkennung der Außenwelt und der Umstände; die Kranken sind in einem Traumland“ (E. Bleuler 1975:420).

In dieser notgedrungen knappen Darstellung wird schon deutlich, dass sich bei einem einzelnen Kranken Symptome auffinden lassen, die verschiedenen Typen zuzuordnen sind. In solchen Fällen erfolgt die Zuweisung zu einem der Untertypen anhand derjenigen Symptome, die überwiegen.

2.1 Diagnose

Um mit einer komplexen Störung wie der Schizophrenie umzugehen, bedarf es gültiger Kriterien der Diagnose, die unabhängig von der Erfahrung und damit dem subjektiven Empfinden des Einzelnen sein müssen (Finzen 1995:75). Aus dieser Notwendigkeit heraus sind unterschiedliche Diagnosesysteme entwickelt worden, unter anderem das *Diagnostische und statistische Manual psychischer Störungen* von der American Psychiatric Association, das hier in seiner dritten revidierten Auflage verwendet wird (DSM-III-R)*, und das *International Classification of Diseases* (ICD) von der Weltgesundheitsorganisation.

Da in der Praxis das DSM-III-R eine besonders für die Forschung richtungsweisende Position eingenommen hat, wird es auch in der hier vorliegenden Arbeit dem ICD vorgezogen und im Folgenden kurz beschrieben. Aus der Tatsache heraus, dass für die Diagnose kein Verständnis der Krankheit notwendig ist, sondern lediglich ein Erkennen der relevanten Symptome, unterscheiden sich die Formulierungen von denen einer eher auf das Verstehen abzielenden Beschreibung der Schizophrenie.

2.1.1 DSM-III-R

Das DSM-III-R bietet zwei aufeinander aufbauende Zugänge zu der Diagnose der Schizophrenie: einerseits die detailliert beschreibenden diagnostischen Kategorien (DSM-III-R:237-250), andererseits einen Entscheidungsbaum für die Differentialdiagnose der Psychotischen Symptome, der die Schizophrenie beinhaltet (Abbildung 1). Dieser Entscheidungsbaum dient der schnellen Diagnose und weist den Untersucher auf verwandte oder ähnliche Störungen hin, die dieser vor einer endgültigen Diagnose mitberücksichtigen, das heißt ausschließen muss. Eine definitive Diagnose sollte allein auf Grundlage des Entscheidungsbaumes nicht getroffen werden, sondern erst nach eingehender Konsultation der Diagnostischen Kriterien.

Um über den Entscheidungsbaum zur Schizophrenie zu gelangen, muss als Einstiegskriterium eine „weitreichende Beeinträchtigung des Realitätsempfindens wie Wahn, Halluzinationen" etc. vorhanden sein. Nach dem Ausschluss eines organischen Faktors und einer festgestellten Dauer allgemeiner psychotischer Symptome von mehr als einem

* Diese inzwischen nicht mehr aktuelle Version war zum Zeitpunkt der ursprünglichen Abfassung dieser Untersuchung noch in Gebrauch.

Differentialdiagnose der Psychotischen Symptome

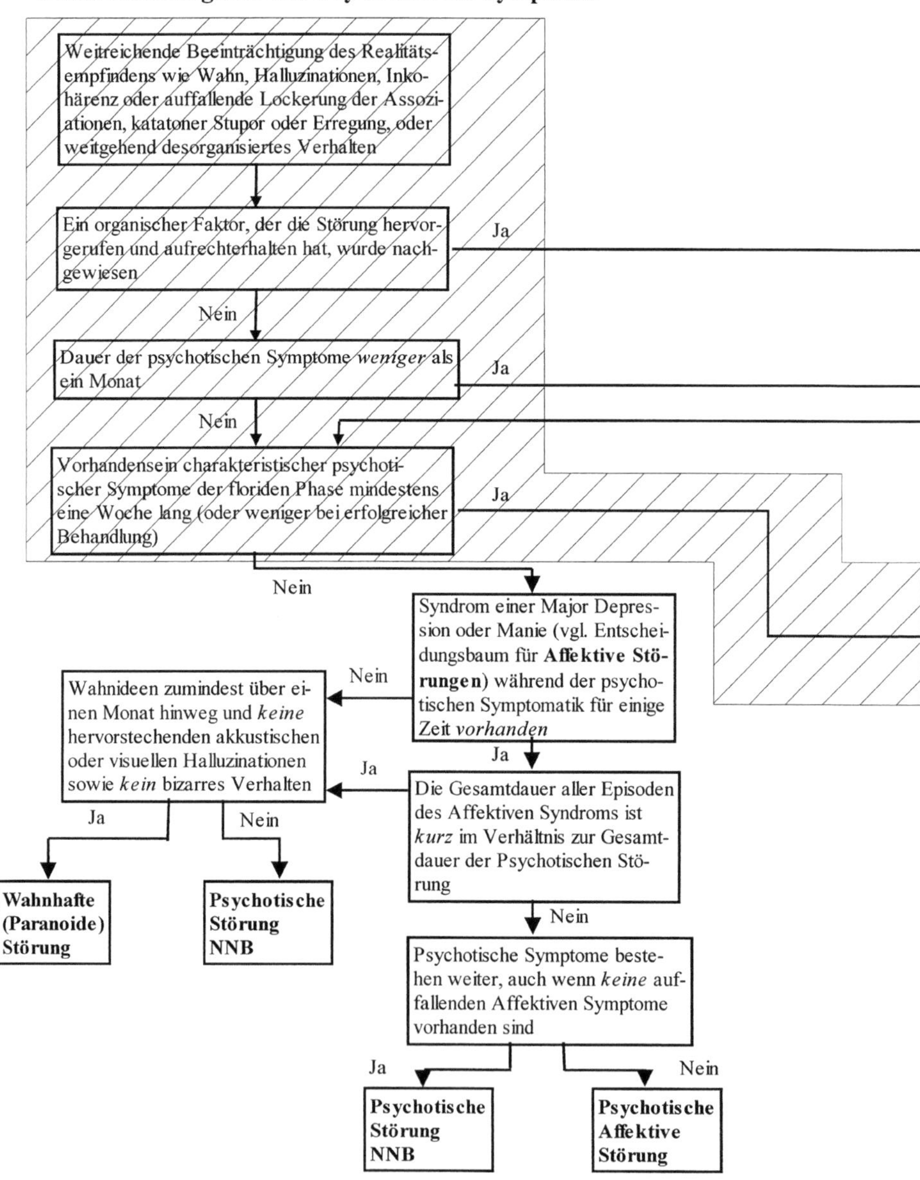

Abbildung 1: Entscheidungsbaum der Psychotischen Symptome (nach DSM-III-R:454-455)

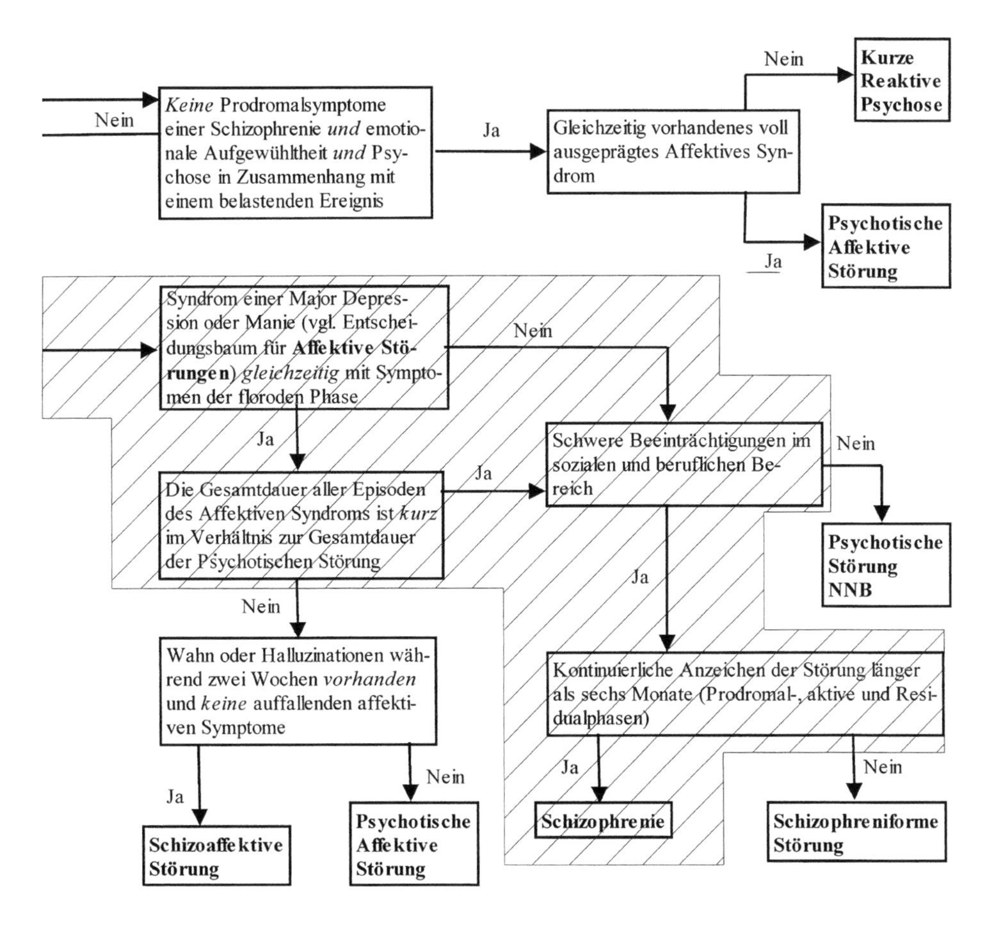
Vgl. Entscheidungsbaum für **Organisch Bedingte Psychische Störungen**
Nein
Keine Prodromalsymptome einer Schizophrenie *und* emotionale Aufgewühltheit *und* Psychose in Zusammenhang mit einem belastenden Ereignis
Ja
Gleichzeitig vorhandenes voll ausgeprägtes Affektives Syndrom
Nein
Kurze Reaktive Psychose
Ja
Psychotische Affektive Störung
Syndrom einer Major Depression oder Manie (vgl. Entscheidungsbaum für **Affektive Störungen**) *gleichzeitig* mit Symptomen der floroden Phase
Nein
Ja
Die Gesamtdauer aller Episoden des Affektiven Syndroms ist *kurz* im Verhältnis zur Gesamtdauer der Psychotischen Störung
Ja
Schwere Beeinträchtigungen im sozialen und beruflichen Bereich
Nein
Psychotische Störung NNB
Ja
Nein
Wahn oder Halluzinationen während zwei Wochen *vorhanden* und *keine* auffallenden affektiven Symptome
Kontinuierliche Anzeichen der Störung länger als sechs Monate (Prodromal-, aktive und Residualphasen)
Ja
Schizoaffektive Störung
Nein
Psychotische Affektive Störung
Ja
Schizophrenie
Nein
Schizophreniforme Störung

Monat und charakteristischer Symptome der floriden Phase, also Wahn und Halluzinationen im Vordergrund (DSM-III-R:241), dürfen keine Syndrome einer Major Depression oder Manie vorliegen, oder im Verhältnis zur Psychotischen Störung kurz sein. Treten dann noch schwere Beeinträchtigungen im sozialen und beruflichen Bereich auf und dauert die Störung ohne Unterbrechung länger als sechs Monate an, so ist nach dem Entscheidungsbaum der Psychotischen Symptome die Schizophrenie erreicht. Spätestens jetzt muss ein Zugriff auf die diagnostischen Kategorien erfolgen.

Die diagnostischen Kategorien beschreiben detailliert die Kriterien, die für die Diagnose erfüllt sein müssen. Hier soll insbesondere auf die Mindestdauer von sechs Monaten, ein deutliches Absinken der Leistungsfähigkeit unter das frühere Niveau und den Ausschluss eines organischen Faktors hingewiesen werden (DSM-III-R:242-244).

Auch das DSM-III-R nimmt eine Unterteilung in verschiedene Untertypen vor und folgt dabei weitgehend der bereits von E. Bleuler (1911) in Anlehnung an Kraepelin vorgenommenen Differenzierung. Beispielhaft werden hier die Kriterien des Paranoiden Typus angeführt (Abbildung 2).

Diagnostische Kriterien des Paranoiden Typus (295.3x)

Schizophrenietypus mit folgenden Merkmalen:

A) Vorherrschen von einem oder mehreren Wahnsystem(en) oder häufigen akustischen Halluzinationen, die sich auf ein einzelnes Thema beziehen.

B) Fehlen aller folgenden Merkmale: Zerfahrenheit, auffallende Lockerung der Assoziationen, flacher oder deutlich inadäquater Affekt, katatones Verhalten oder deutlich desorganisiertes Verhalten.

Wenn die Kriterien A) und B) in allen vergangenen und in der floriden Krankheitsphase erfüllt waren, ist **stabiler Typ** anzugeben.

Abbildung 2 (nach DSM-III-R:249)

Charakteristisch für den Paranoiden Typus sind also vorherrschende Wahnsysteme oder thematisch einheitliche akustische Halluzinationen, bei einem gleichzeitigen Fehlen solcher Merkmale, die sonst für andere Typen charakteristisch sind.

Weiterhin weist das DSM-III-R explizit darauf hin, dass die Inhalte von eventuell vorhandenen Wahnvorstellungen und Halluzinationen des Betroffenen in dessen Kulturkreis als abwegig angesehen werden müssen, und nicht geteilt oder akzeptiert werden dürfen. Wenn dies jedoch nicht der Fall ist, soll keine Psychose aufgrund dieser Erscheinungen diagnostiziert werden (DSM-III-R:245).

Grundsätzlich sieht das DSM-III-R eine multiaxiale Beurteilung vor, das heißt neben den eigentlichen klinischen Syndromen und Störungen auf der Achse I sollen auch Befunde über Entwicklungs- und Persönlichkeitsstörungen, körperliche Störungen und Zustände, den Schweregrad psychosozialer Belastungsfaktoren sowie die globale Beurteilung des psychosozialen Funktionsniveaus auf den Achsen II bis V vermerkt werden (DSM-III-R:37-44). Die Einträge in diesen vier weiteren Achsen sind in erster Linie von klinischer und therapeutischer Bedeutung und daher für diese Untersuchung von eher untergeordnetem Interesse. Sie werden im Folgenden nicht weiter beachtet.

2.1.2 Probleme des DSM-III-R

Auf einer allgemeinen Ebene hinterfragt Scharfetter die Sinnhaftigkeit der auch in den Diagnosekriterien vorgenommenen Unterteilung der Schizophrenie in mehrere Untertypen, da in der Praxis die Symptomenbilder keine ausreichende Stabilität zeigen und somit keine eindeutig voneinander abzugrenzenden Krankheitsformen vorliegen (Scharfetter 1986:32). Schon E. Bleuler betont, dass diese Untergruppen keine differenzierbaren Krankheitsformen darstellen, sondern lediglich Gruppierungen von Symptomen. Ein Wechsel zwischen den verschiedenen Gruppen sei möglich und auch nicht ungewöhnlich (E. Bleuler 1911:187). So findet sich in der Praxis mit Fortschreiten der Behandlung häufig ein Wechsel von der katatonen Form zur paranoiden (Arieti 1980:470). Gerade dieser Wechsel ist nach der Unterteilung der verschiedenen Untertypen in Abhängigkeit von Akuität, Schwere und individuellen Abwehrmöglichkeiten zu erwarten, da danach die Katatonie ein hilfloses Erstarren vor den auf den Betroffenen einstürzenden Problemen und Ängsten darstellt, während die paranoide Form als ein von dem Patienten selbst erschaffenes Konstrukt zum Versuch der Abwehr der Probleme und Ängste gesehen werden kann. Bedingung dazu sind größere, respektive gestiegene, Abwehrmöglichkeiten, verbunden mit einer Sinngebung im entsprechenden kulturellen Rahmen (Scharfetter 1986:59-65). Zusammengefasst hat dies Dr. Erna Hoch aus Indien: „Die Katatonie überfällt einen. [...] Das Paranoid baut man" (Scharfetter 1986:56).

Die vom DSM-III-R geforderte Mindestdauer der Störung von sechs Monaten zeigt, dass die Schizophrenie in ihrem symptomatischen Kern immer noch unverstanden und damit nur schwer zu diagnostizieren ist. Ansonsten müsste man eine Diagnose anhand von definitiven Symptomen erwarten können, und nicht aufgrund der bisherigen Dauer der Symptome. Allerdings dient dies auch dem Schutz der Betroffenen vor einer häufig mit der Diagnose „Schizophrenie" verbundenen Stigmatisierung durch die Umwelt (Finzen 1995:27-29). Die im Laufe der Zeit eventuell zu modifizierende Diagnose, von der Schizophreniformen Störung zur Schizophrenie, und der damit verbundenen Änderung der Behandlung, illustriert die Unfähigkeit, auf rein symptomatischer Ebene zwischen zwei Störungen zu differenzieren. Diese Feststellung soll nicht als grundsätzliche Kritik an der Psychiatrie missverstanden werden, da diesen Kategorien eine Bedeutung in der Behandlung zukommt (DSM-III-R:237, 244), sondern verdeutlichen, dass insbesondere im Bereich der Schizophrenie nicht von einem zufrieden stellenden Forschungsstand innerhalb der Psychiatrie ausgegangen werden kann.

Zusätzlich wird die Schizophreniforme Störung gegenüber der Schizophrenie noch dadurch abgegrenzt, dass Erstere äußere Faktoren mitberücksichtigt, die eine gute Prognose wahrscheinlicher machen (DSM-III-R:260). Dieser Umstand ist jedoch insofern kritisch zu bewerten, als dadurch die Schizophrenie wieder, wie in den Zeiten vor E. Bleuler, auf einen negativen Ausgang hin diagnostiziert zu werden droht.

Das Absinken des Leistungsniveaus wirft direkt zwei Probleme auf. Einerseits muss es befremdlich wirken, dass eindeutige Folgesymptome als unbedingtes Kriterium in die Diagnose einfließen. Somit müsste also eine Schizophrenie-Diagnose auch dann in Richtung auf eine Nicht Näher Bezeichnete Psychotische Störung modifiziert werden, wenn der Betroffene durch Veränderung der Umgebung plötzlich keine „schweren Beeinträchtigungen im sozialen und beruflichen Bereich" mehr erfahren würde (vgl. Abbildung 1). Dies kann aber insbesondere für eine Untersuchung in der hier vorzunehmenden Art nicht zufrieden stellen, da bei einem postulierten Zusammenhang von Schizophrenie und der Erlangung des Schamanenamtes von vornherein eine berufliche

Beeinträchtigung ausgeschlossen ist. Auch kann davon ausgegangen werden, dass eventuell vorhandene soziale Probleme von Schamanen in seiner Kultur als amtsspezifisch angesehen würden. Damit wäre aber *per definitionem* bei Schamanen die Diagnose Schizophrenie ausgeschlossen - ein Umstand, der wenig sinnvoll erscheint.

Andererseits wird für die Diagnose der Schizophrenie vom Paranoiden Typus die mögliche Beeinträchtigung der Leistungsfähigkeit als gering angegeben, mit einer deutlich besseren Prognose gegenüber anderen Schizophrenietypen hinsichtlich Berufsausübung und Lebensführung (DSM-III-R:249), das heißt eine Differenzierung gegenüber einer Nicht Näher Bezeichneten Psychotischen Störung ist anhand des Entscheidungsbaumes nicht eindeutig möglich.

Die kulturelle Akzeptanz von Wahninhalten und Halluzinationen als Ausschlusskriterium für die Diagnose einer psychotischen Störung zu verwenden, wirft neben der grundsätzlichen Frage, ob eine Störung unabhängig von ihrer Akzeptanz nicht als solche zu sehen ist, weitere Abgrenzungsprobleme auf. Es sei hier jedoch nur auf die Möglichkeit verwiesen, dass innerhalb einer Gruppe von Psychotikern, etwa in einer psychiatrischen Klinik, diese gegenseitig ihre Wahnvorstellungen und Halluzinationen akzeptieren. Als Konsequenz dürfte auch hier die Diagnose Schizophrenie nicht (mehr) gestellt werden.

Erklärbar ist diese Einschränkung jedoch vor dem Hintergrund, dass die Diagnose nach dem DSM-III-R nicht für eine Untersuchung in der hier vorliegenden Art konzipiert wurde, sondern für den klinischen Gebrauch, der eine differenzierte Diagnose als Voraussetzung für eine Behandlung benötigt, also die Identifikation behandlungsbedürftiger Menschen verfolgt. Es erscheint entsprechend auch unwahrscheinlich, dass ein Mensch mit kulturell akzeptierten Halluzinationen einer Behandlung bedarf, auch wenn die Halluzinationen als solche bestehen bleiben.

Diese unterschiedliche Zielsetzung rechtfertigt damit die in dieser Arbeit abweichend vom DSM-III-R zur Verwendung kommenden kulturunabhängigen Begriffe, etwa für Halluzinationen, sowie die Unterordnung des eindeutigen Folgesymptoms der schweren beruflichen und sozialen Beeinträchtigungen unter die umgebungs- und kulturunabhängigeren Symptome. Mit diesen Einschränkungen steht der Verwendung des DSM-III-R im Rahmen der vorliegenden Arbeits nichts entgegen.

2.2 Auslösende Faktoren

So alt wie der Begriff der Schizophrenie ist natürlich auch die Frage nach deren Ursache. Da die Befunde einen einfachen Mendelschen Erbgang ausschließen, wurden verschiedene andere Ursachen untersucht.

Die mögliche Bedeutung verschiedener sozialer Einflüsse auf die Entstehung der Schizophrenie ist in zahlreichen Untersuchungen beleuchtet worden. Die daraus resultierenden Theorien wiesen mal der Mutter, als schizophrenogen bezeichnet, die auslösende Rolle zu, mal speziellen Strukturen der Familie. Auch wenn die Funktion der Familie im Rahmen des Sozialisierungsprozesses für die Herausbildung der Persönlichkeit als solcher von zentraler Bedeutung ist, so haben alle diese Theorien neben einer eher schädlichen Schuldzuweisung keine verlässlichen und gültigen Ergebnisse geliefert. Die erarbeiteten familiendynamischen Besonderheiten, besonders auf der Kommunikationsebene, sind empirisch nicht nachprüfbar und zeigen keine spezifisch auf die Entstehung der Schizophrenie bezogenen Abweichungen von nicht von Schizophrenen betroffenen Familien (Scharfetter 1986:94-95). Zudem ist es schwierig, eine Differenzierung von Ursache und Wirkung der beobachteten unspezifischen Besonderheiten bei den Eltern Schizophrener durchzuführen. Veränderte Kommunikationsstile können plausibel auch erst als Folge des abnorm erscheinenden Verhaltens des erkrankten Kindes gedeutet werden (Scharfetter 1986:102-103). Auch ist mit solchen Untersuchungen nicht die Frage zu klären, ob die eventuell beobachtbaren Besonderheiten ursächlich die Entstehung der Schizophrenie bedingen oder nur ihre Ausprägung bei einer vorhandenen Disposition begünstigen.

Auch ein Ausschluss eines einfachen Mendelschen Erbganges schließt die Beteiligung erblicher Faktoren an der Entstehung der Schizophrenie nicht aus. Empirische Untersuchungen an Blutsverwandten von Schizophrenen zeigen eine eindeutig erhöhte Erkrankungsrate gegenüber dem sonst in der Bevölkerung anzutreffenden Wert von ca. 1%. Die Stabilität der Werte auch in verschiedenen Untersuchungen, verbunden mit weiteren Studien an Adoptivkindern und Heimkindern mit entsprechender Tendenz, belegen eindeutig eine erbliche Komponente der Schizophrenie. Damit steigt mit der genetischen Nähe zu einem an Schizophrenie Erkrankten die Wahrscheinlichkeit, selbst diese Störung zu entwickeln (Scharfetter

1986:172). Neben dem Beleg eines erblichen Faktors bezeugen weitergehende Untersuchungen an eineiigen Zwillingen aber auch die Bedeutung weiterer Faktoren, da die Wahrscheinlichkeit, als eineiiger Zwilling eines Schizophrenen ebenfalls schizophren zu werden, „nur“ 61% beträgt, bei einer (angenommenen) genetischen Übereinstimmung von 100%. Auch lassen die bisherigen Untersuchungen keinen Schluss auf die Art des Erbganges oder die Spezifität der ererbten Prädisposition zu (Scharfetter 1986:170-180; M. Bleuler 1972:587-588).

Auf biochemischer Ebene sind vielfach Abweichungen verschiedenster Stoffwechselvorgänge mit schizophrener Symptomatik in Beziehung gesetzt worden. Auch wenn sich diese Ansätze zur Erklärung schizophrener Symptome eignen, so kann man alleine aus diesem Befund keine ursächliche Herleitung annehmen. Sie stellen lediglich das bei einer so weitreichenden psychischen Störung wie der Schizophrenie zu erwartende biochemische Korrelat zu psychotischem Erleben dar (Scharfetter 1986:141-146).

Den biochemischen vergleichbare Ergebnisse liefern Untersuchungen zu veränderter Hirnaktivität, etwa mittels EEG- oder Positron-Emissions-Tomographie-Messungen. Die daraus resultierenden Befunde weisen auf ein vermehrtes Auftreten von so genannten Delta-Wellen im Hirnstrombild und eine Dysfunktion des präfrontalen Kortex hin. Doch auch diese Ergebnisse spiegeln wohl nur, wie die biochemischen Abweichungen, die veränderte Funktion des Gehirns während der Psychose wider und lassen kaum einen Schluss auf die auslösenden Faktoren zu (Scharfetter 1986:154-158).

Die Erforschung besonderer Lebensumstände als Ursache oder Auslöser verschiedener Krankheiten hat zeigen können, dass im Falle von Psychosen dem akuten Durchbruch häufig eine gesteigerte Anzahl von Veränderungen im Leben des Betroffenen vorausgegangen ist. Die Art dieser Veränderungen ist jedoch nicht spezifisch, so dass sich ein kausaler Zusammenhang nicht erstellen lässt. Ebenfalls lässt sich auf diesem Weg nicht klären, ob die Änderungen direkt zu einer Manifestation der Psychose führen, oder lediglich als Stressfolge die Widerstandskraft des Organismus unspezifisch herabsetzen und so allgemein den Ausbruch verschiedener Krankheiten fördern. Zusätzlich stellen Faktoren wie selektive Erinnerung oder die subjektive Bedeutungszuweisung der Veränderung eine Unbekannte dar. Sie können von großer

Bedeutung sein, lassen sich statistisch aber praktisch nicht erheben und auswerten. So kann die beobachtete größere Anzahl von erinnerten Veränderungen auch auf eine individuell gesteigerte Empfindsamkeit gegenüber diesen als Folge einer sich anbahnenden psychischen Erkrankung gedeutet werden (Scharfetter 1986:124-125).

Das Konzept der *Vulnerabilität* (Verletzlichkeit) umfasst als multidimensionaler Ansatz einige der bisher genannten Theorien, ohne jedoch Aussagen über die Verteilung der verschiedenen Komponenten treffen zu wollen. Die betreffende Person ist danach durch ererbte und/oder auf anderem Weg erworbene Persönlichkeitsmerkmale, die empirisch nicht fassbar sein müssen, prädisponiert. Die Ausprägung dieser Prädisposition ist individuell verschieden und kann dann durch unterschiedliche, von den individuellen Verarbeitungsmechanismen abhängige, Erlebnisse und Ereignisse zum Durchbrechen einer Psychose, speziell der Schizophrenie, führen (Scharfetter 1986:188-192).

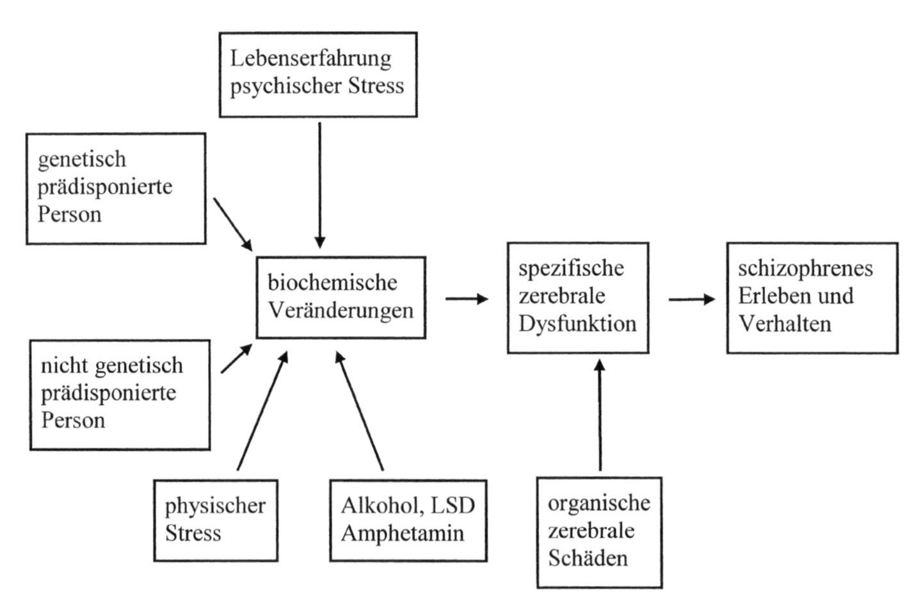

Abbildung 3: Wege zu schizophrenem Erleben und Verhalten (nach Scharfetter 1986:22)

Eventuell können auch halluzinogene Drogen Prozesse in Gang bringen, die zu einer Psychose, speziell der Schizophrenie, führen (Scharfetter 1986:192), besonders wenn der

Betreffende nicht auf die Erlebnisse im Drogenrausch vorbereitet ist, oder er nicht über die ausreichende Stärke verfügt, diese Erlebnisse zu integrieren. Dies ist häufig dann der Fall, wenn der situative Kontext des Betroffenen, etwa durch kulturelle Einschränkungen, keinen Raum für derartige Erlebnisse lässt (Scharfetter 1986:8-10).

In letzter Instanz führen die verschiedenen auslösenden Faktoren damit in unterschiedlicher Gewichtung zu einer physiologisch-biochemischen Änderung im Gehirn, die dann die schizophrenietypischen Symptome hervorruft (Scharfetter 1986:22) (Abbildung 3).

2.3 Behandlung

Die Schizophrenie wird heute meist psychotherapeutisch behandelt, wobei in einigen Stadien der Krankheit auch eine zusätzliche Verabreichung von Psychopharmaka als sinnvoll angesehen wird. Die speziell bei Psychosen angewendeten Psychopharmaka, die Neuroleptika, bewirken eine Reduktion der akuten Angst- und Wahnsymptome. Im Gegensatz zu klassischen Psychotherapien oder der Psychoanalyse muss der Therapeut im Falle der Schizophrenie jedoch vermeiden, dass die Therapie an sich Angst erzeugt, da diese sonst schnell eventuelle Erfolge zunichte machen kann. Die unsichere und fragile Persönlichkeit des Schizophrenen muss immer berücksichtigt werden (Arieti 1980:464).

Der generelle Einsatz von verschiedenen Psychopharmaka und die Dosierung ist dabei jedoch umstritten. Zum Teil scheinen sie eher als Schutz der behandelnden Ärzte und lediglich zur Ruhigstellung des Betroffenen eingesetzt zu werden, wodurch einige, besonders ehemalige Psychiatrie-Patienten, einen völligen Verzicht auf diese Medikamente fordern, besonders da sie nicht grundsätzlich die Heilung bewirken, sondern diese lediglich beschleunigen (Finzen 1995:144). Doch sind sich die meisten Psychiater darin einig, dass eine moderate Medikation besonders während akuter Stadien der Krankheit, in der der Patient den Kontakt zur Realität völlig zu verlieren droht, sinnvoll und quasi unumgänglich ist (Arieti 1980:464). Die Dosierung und Art der verabreichten Neuroleptika ist dabei von der jeweiligen Akuität der Symptome, aber auch von den Präferenzen der Behandelnden abhängig. Ziel sollte in jedem Fall die Unterdrückung der akuten Symptome mit Blick auf die Angstvermeidung sein (Finzen 1995:146-147).

Im Allgemeinen zielen Therapien von Krankheiten darauf ab, den vor dem Ausbruch der Krankheit bestehenden Zustand wiederherzustellen. In der Behandlung der Schizophrenie kann die Wiederherstellung des prä-psychotischen Zustands jedoch nicht als sinnvolles Ziel angesehen werden, da die Betroffenen schon vor ihrer Erkrankung durch ihre Vulnerabilität prädestiniert waren. Eine Rückkehr zu diesem Zustand bedeutet keinen wirklichen Gewinn, da dann weiterhin die Möglichkeit besteht, dass neue belastende Ereignisse den Betroffenen wieder in eine psychotische Episode stürzen (Arieti 1980:465). Andererseits finden sich auch bei „geheilten" Patienten, oder solchen in Remission, in großen Teilen übereinstimmende subjektiv empfundene Grundsymptome in Form verschiedener, unspezifischer Wahrnehmungsveränderungen, wie sie auch vor einer Schizophrenie feststellbar sind (Huber & Gross 1989:646-647). Eine wirkliche Überwindung der Vulnerabilität scheint damit utopisch, jedoch ist ein seitens des Betroffenen bewussterer Umgang mit seiner verletzlichen Natur grundlegend. Dies bedeutet, dass das Ziel der Behandlung in einer gesteigerten Selbst-Akzeptanz des Patienten liegt bzw. liegen sollte (Arieti 1980:465).

Vor dem Beginn der eigentlichen Therapie des Schizophrenen muss der Therapeut erst an den Patienten „herankommen", das heißt er muss sich ihm bekannt und vertraut machen (Arieti 1980:467). Das Gewinnen von Vertrauen ist jedoch besonders bei Schizophrenen schwierig, da sie in dem Therapeuten häufig zuerst einen der vielen, angstauslösenden Menschen ihrer Umgebung sehen und nicht wahrnehmen (können), dass dieser Andere ihnen helfen will und kann. Zusätzlich kann sich die Situation weiter komplizieren, da Schizophrene in ihrer oft extremen Sensibilität schnell die Schwächen des Therapeuten erkennen und diesen genau dort angreifen (Finzen 1995:154).

Ist das Vertrauen in den Behandelnden jedoch hergestellt, kann dieser dem Patienten schrittweise Einblick in die Mechanismen seiner Krankheit geben, etwa indem er ihn zu der Einsicht führt, dass die Halluzinationen nur dann auftreten, wenn dieser sie zum Teil unbewusst erwartet. Gelingt diese Einsicht in die Prozesse der Krankheit, kann der Schizophrene langsam seine psychotischen Symptome beherrschen lernen und damit schließlich zum Verschwinden bringen. Damit gewinnt der Patient behutsam mehr Selbstvertrauen und das Bewusstsein, nicht hilflos anderen Kräften ausgeliefert zu sein (Arieti 1980:468).

2.4 Verlaufsprognose

Aus prinzipiellen Gründen liegen über den spontanen Verlauf der Schizophrenie keine Angaben vor, da die beobachteten Verläufe alle aus einem klinischen Umfeld stammen und somit beeinflusst sind (Scharfetter 1986:205). Dies wäre auch schon bei einer eher hypothetischen Nicht-Behandlung der Fall, da schon die Diagnosenstellung und die Unterbringung in einer psychiatrischen Klinik keinen wirklichen Spontanverlauf mehr zulassen.

Laut E. Bleuler führt die Schizophrenie in weniger als 1% der Fälle zum Tode. Dies geschieht allerdings meist indirekt, durch Nahrungsmittelverweigerung, Verletzungen oder Selbstmord. Aber auch direkt auf die Störung zurückzuführende Todesfälle werden von ihm berichtet, so durch „Hirndruck", Stoffwechselstörungen, etwa „autotoxische" Zustände und Hirnlähmung (1911:208), wobei eine der modernen Diagnostik gerecht werdende Einordnung dieser Begrifflichkeiten hier nicht möglich ist. Auch die Langzeituntersuchung M. Bleulers ergab mindestens noch zwei Todesfälle, von insgesamt 70 im Beobachtungszeitraum von 1942/43 bis 1964/65, die ohne erkennbare Ursachen in schwer katatonem Zustand auftraten. Diese „tödlichen Katatonien" treten jedoch mit modernerer Behandlung praktisch nicht mehr auf, obgleich sie früher häufiger beschrieben wurden (M. Bleuler 1972:370-371).

Bei E. Bleuler steht immer die „Verblödung" im Vordergrund, und er führt aus, dass keiner seiner entlassenen Patienten nicht noch leicht erkennbare Spuren der Erkrankung getragen habe (E. Bleuler 1911:209-210). Den Begriff der Heilung lehnt er ab und spricht stattdessen von Besserung, da zu den erkennbaren Restsymptomen auch die Problematik hinzukommt, dass der Zustand vor dem Ausbruch der Erkrankung nicht als gesund gesehen werden kann, da er wohl zum Ausbruch und der Entwicklung derselben beigetragen hat (209). Auch kann der Grad des Funktionierens in der alten Umgebung nicht als Maßstab herangezogen werden, da etwa ein „Bauernknecht auch mit einem ziemlichen Defekt noch handlungs- und erwerbsfähig sein mag" (209). Damit wird aber eine definitiv objektive Beurteilung des Gesundheitszustandes praktisch unmöglich, und basiert letztendlich auf den eher subjektiven Einschätzungen der Behandelnden.

Besonders der Begriff der schizophrenen Demenz hat aber durch spätere Ergebnisse einen Bedeutungswandel erfahren, der dahin tendiert, die beobachtbaren Anzeichen einer scheinbaren „Verblödung" mit einem autistischen Rückzug des Kranken zu erklären. Dieser Rückzug auf sich selbst liegt in der Unfähigkeit des Patienten und seiner Umwelt, miteinander zu kommunizieren, wodurch der Betroffene schließlich alle Versuche aufgibt und sich in seine Welt zurückzieht. Der damit scheinbar verlorene Verstand lässt sich aber bei ausreichend sensibler Behandlung entdecken und taucht nach der Erkrankung oder in symptomfreien Momenten von selbst wieder auf (M. Bleuler 1972:525).

Gibt man zusätzlich das Konzept der Heilung als Wiederherstellung des der Erkrankung vorangegangenen Zustandes auf, auch mit Hinblick auf das im vorigen Kapitel Gesagte, und legt eine deutlich Besserung mit nicht oder kaum noch nachweisbaren psychotischen Symptomen einem erstrebenswerten Behandlungserfolg zugrunde, so ergeben sich deutliche Abweichungen von dem durch den alten Begriff *Dementia praecox* implizierten Ausgang. Fünf Jahre nach Behandlungsbeginn weisen noch $^{2}/_{3}$ der Patienten psychotische Symptome auf, wobei nur bei einem Viertel der Betroffenen diese sich zu einer schweren chronischen Psychose verfestigt haben. Das restliche Drittel kann dagegen als geheilt gelten, das heißt es sind nur selten psychotische Restzustände vorhanden (E. Bleuler 1975:438). Ähnliche Werte ließen sich seitdem in allen durchgeführten Langzeituntersuchungen zum Ausgang der Schizophrenie finden (Finzen 1995:124).

Als Ausnahmefälle beschreibt aber schon E. Bleuler Patienten, die nach einer schizophrenen Erkrankung im wissenschaftlichen, literarischen oder politischen Bereich Karriere gemacht haben, und in wenigen Fällen konstatiert er sogar eine Verbesserung des Zustandes nach der Erkrankung, verglichen mit dem der Erkrankung vorangegangenen (1911:210-211). Dies scheint auch für den amerikanischen Psychiater Harry S. Sullivan zu gelten, der wohl erst durch das Erleben mehrerer schizophrener Episoden sein Interesse an der Schizophrenie entdeckte und sich dann in Ausübung seines Berufs speziell mit ihr beschäftigte (Goldwert 1992b:667-670).

Bei der Zahl der Rückfälle, also den Patienten, die quasi in der Mitte zwischen geheilt und dauerhaft hospitalisiert stehen, ist zu berücksichtigen, dass ein Wiedereintritt in die Psychiatrie zum großen Teil auch als Flucht des Betroffenen aus der ihm unerträglichen Realität in eine vertraute und ruhige Umgebung zu deuten ist (Wadeson & Carpenter 1976:315).

Unbedingt negativ beeinflusst wird die Verlaufsprognose zusätzlich noch dadurch, dass sie nur diejenigen Menschen erfassen kann, die auch tatsächlich in eine Klinik eingeliefert werden. Damit bleibt aber ein anzunehmender großer Teil mit gutem Verlauf unberücksichtigt, da diese niemals mit der Psychiatrie in Kontakt gekommen sind (E. Bleuler 1911:211).

Somit ergibt sich für den Verlauf der Schizophrenie ein deutlich positiveres Bild, als es durch den von Emil Kraepelin Ende des 19. Jahrhunderts geprägten Terminus *Dementia praecox* suggeriert wird. Erklärbar ist dieser Unterschied zum Teil durch die Praxis der damaligen Psychiatrie, die primär lediglich der Aufbewahrung der „Geisteskranken" diente, und die Fokussierung Kraepelins gerade auf diejenigen Fälle, die als unheilbar galten.

2.5 Verbreitung der Schizophrenie in anderen Kulturen

Vor einer Übertragung des Begriffs der Schizophrenie auf andere Kulturen muss erst sichergestellt werden, dass der Schizophrenie oder vergleichbaren Störungen entsprechende Symptomenbilder auch dort auftreten und diese damit keine auf westlich geprägte Kulturen beschränkte Störungen darstellen.

2.5.1 Externe Untersuchungen in anderen Kulturen

Die Weltgesundheitsorganisation (WHO) hat Ende der 1960er Jahre die *International Pilot Study of Schizophrenia* (IPSS) begonnen, die in verschiedenen Ländern, darunter Kolumbien, Indien, Nigeria und die damalige UdSSR, Informationen über Symptomatologie, Häufigkeit und Verlauf der Schizophrenie und verwandter Psychosen gesammelt hat. Dabei zeigten sich keine signifikanten Unterschiede in den Symptomenbildern und der Häufigkeit zwischen den untersuchten Städten in den oben genannten Ländern und den untersuchten Städten in China, der damaligen Tschechoslowakei, Dänemark, Großbritannien und den USA (Sartorius et al. 1986:909, 916).

Problematisch ist an dieser Untersuchung jedoch, dass sie sich auf urbane Gebiete beschränkte, so dass lediglich eine gleichartige Verteilung der Schizophrenie in diesem

Umfeld belegt werden kann, das dem westlich beeinflusster Kulturen weitgehend ähnlich ist.

Eine Zusammenstellung verschiedener Einzeluntersuchungen bei Pfeiffer (1994:23-24) zeigt jedoch eindeutig, dass die Schizophrenie weltweit bei allen untersuchten Kulturen unabhängig von ihrem kulturellen Gepräge anzutreffen ist. Allerdings variieren die Häufigkeit und die Verteilung innerhalb der Untertypen.

Nicht völlig ausgeschlossen ist jedoch in diesen Untersuchungen eine Verfälschung der Ergebnisse durch eine mögliche Voreingenommenheit der Untersuchenden. Sartorius et al. (1986:910-911) haben versucht dies zu minimieren, indem sie die Diagnose durch vor Ort ansässiges Personal durchführen ließen und dabei in einigen der untersuchten Gebieten auch traditionelle und religiöse Heiler mit einbezogen.

2.5.2 Eigenbewertung in fremden Kulturen

Nachdem also eine Verbreitung der Symptome, die in der euro-amerikanischen Diagnostik als Schizophrenie bezeichnet werden, weltweit kulturübergreifend angenommen werden kann, muss noch geklärt werden, ob die entsprechenden Symptomenbilder in den betreffenden Kulturen auch als Krankheit angesehen werden.

Um dieser Frage in Nigeria nachzugehen, ob also traditionelle Heiler ein der Schizophrenie entsprechendes Krankheitsbild besitzen, führte Ebigbo eine Befragung dieser Heiler durch, die sich nach eigenen Angaben zum Teil auf die Behandlung von „Wahnsinn" und anderen psychischen Krankheiten spezialisiert haben. Die resultierenden Beschreibungen der traditionell behandelten Krankheitsbilder deckten sich im Fall der als *ara idedu* bezeichneten Krankheit mit dem katatonen Typ der Schizophrenie und beschreibt das typische Einnehmen einer bestimmten Haltung und den Rückzug in die eigene Person (Ebigbo 1995:378). Die anderen beschriebenen Krankheiten lassen keine Zuweisung zu einer der Formen der Schizophrenie zu, da nach westlichen Begriffen die Symptome verschiedener psychischer Störungen nicht speziell differenziert und daher mit anderen psychischen Krankheiten vermischt werden (Ebigbo 1995:379).

Trotz der mangelnden Differenzierung würde ein Schizophrener in Nigeria von einem der untersuchten Heiler als psychisch Erkrankter erkannt und einer traditionellen Behandlung unterzogen werden.

Eine Zusammenstellung verschiedener, von früheren Autoren gesammelter, psychischer Krankheiten im nordasiatischen Raum mit den entsprechenden kultureigenen Bezeichnungen ergibt ein uneinheitliches und undifferenziertes Bild, das die Autorin als „Hysterie" bezeichnet (Czaplicka 1914:307-321). Auf der Grundlage dieser Beschreibungen ist keine Diagnose im Sinne des DSM-III-R möglich, besonders da die Hysterie nicht mehr als psychiatrische Krankheit existiert und in verschiedenen anderen Störungen aufgegangen ist.

Inwieweit sich die an der Entstehung einer Psychose, und besonders der Schizophrenie, beteiligten, nicht erblichen Faktoren auch in anderen Kulturen, speziell im sibirischen Raum finden lassen, ist mit dem vorhandenen Material nicht zu klären. Da es sich neben den erblichen jedoch um praktisch allgegenwärtige und relativ unspezifische Faktoren handelt, kann ihr analoges Vorhandensein vorausgesetzt werden, auch wenn die genaue Art der als belastend empfundenen Situation variieren wird. Als Beispiel führt Devereux aus, dass traumatisierende Situationen in jeder Kultur auftreten können, aber die Art kulturspezifisch ist. So wird ein Beduine durch einen Sturz in tiefes Wasser eher ein Trauma davontragen, als ein Angehöriger einer ans Wasser gewöhnten Kultur, wie etwa in Polynesien (Devereux 1971:33-34).

Auch spricht die Tatsache, dass wohl jede Sprache über Bezeichnungen für unterschiedlich differenzierte Geisteskrankheiten verfügt, für ein globales Vorhandensein derselben, einschließlich der Schizophrenie (Pfeiffer 1994:2), auch wenn hierüber speziell für die schamanistischen Kulturen Sibiriens keine Untersuchungen vorliegen. Vielmehr weist Shirokogoroff für die Tungusen* auf die Problematik hin, dass Menschen mit ernsten psychischen Krankheiten in dem dortigen kulturellen Umfeld keine große Überlebenswahrscheinlichkeit haben. Sie würden, da sie keine schützende Sorge zu erwarten hätten, in dem harten Kampf ums Dasein schnell einem der zahlreichen Unfälle zum Opfer fallen und so aus der Population verschwinden (1935:243).

* Der Terminus „Tungusen" stellt eine ältere Bezeichnung für die heute als Ewenken bekannten Bevölkerungsgruppen Mittel- und Ost-Sibiriens dar. Da diesem Begriff damit aber auch eine zeitliche Komponente innewohnt, werden hier beide parallel, entsprechend der Verwendung der jeweiligen Autoren, verwendet.

2.5.3 Abweichende Verlaufsprognose

Aus der IPSS und der nachfolgenden Untersuchung zur Neuerkrankungsrate von Sartorius et al., ergab sich als unerwarteter Befund, dass in weniger industrialisierten Ländern die Schizophrenie einen deutlich günstigeren Verlauf nimmt. Nach 2 Jahren waren dort 56% der ehemaligen Patienten praktisch symptomfrei, während es in den industrialisierten Ländern lediglich 39% waren (Sartorius et al. 1986:925-926). Weitere Befunde mit Raten von Symptomenfreiheit von bis zu 72% bei Nachuntersuchungen erklärt Pfeiffer damit, dass die Lebensumstände in diesen eher agrarischen Gesellschaften eine Integration und damit Stabilisierung des Erkrankten begünstigen. Auch zeigt sich innerhalb der betreffenden Kulturen häufig eine größere Akzeptanz gegenüber psychisch Kranken. Damit lassen sich auch die unterschiedlichen Häufigkeitswerte zum Teil erklären, da ein günstigerer Verlauf direkt zu insgesamt weniger Erkrankten führt (Pfeiffer 1994:25).

2.6 Notwendige Modifizierung der Schizophrenie-Diagnostik

Vor der Übertragung des Konzeptes der Schizophrenie auf nicht westlich geprägte Kulturen verdienen insbesondere drei Faktoren eine nähere Betrachtung.

Die euro-amerikanische Diagnostik stützt sich fast ausschließlich auf die Fälle der Störung, die unbedingt pathologisch sind. Somit ist die Auswahl der Patienten dadurch beeinflusst, dass sie in ihrer normalen Umgebung nicht mehr lebensfähig waren und auffällig geworden sind. E. Bleuler betont, dass gerade dieser Umstand, noch verschärft durch die damaligen Umstände der Unterbringung von „Geisteskranken“, Kraepelin zu der ursprünglichen Bezeichnung der Schizophrenie, *Dementia praecox*, veranlasst hat (E. Bleuler 1911:1-2). Aber auch heute fallen dadurch solche Menschen, die eventuell einen Umgang mit der Störung erlernt haben, oder bei denen die Störung einen besonders günstigen Verlauf nimmt, aus der Untersuchungsgruppe heraus. Gerade diese Gruppe ist aber von besonderer Bedeutung für die hier vorzunehmende Betrachtung, da von vornherein nicht angenommen werden kann, dass neben identischen Grundsymptomen in anderen Kulturen dieselben Folgesymptome auftreten, und dass Menschen mit psychotischen Symptomen in jeder Kultur in demselben Maße pathologisch auffällig werden.

Ein weiteres Problem ergibt sich aus der meist vorgenommenen Medikation. Alle verwendeten Psychopharmaka verändern die Wahrnehmung des Behandelten, wodurch dessen Erlebnisberichte natürlich mit besonderer Vorsicht verwendet werden müssen. Insbesondere ist unklar, inwieweit die verwendeten Psychopharmaka auch das Erinnern an das Erleben vor Beginn der Behandlung, und damit der Medikation, beeinflussen.

Das dritte Problem ergibt sich in der Folge der beiden ersten, da die Aussagen über den Verlauf der Störung aus den oben genannten Daten erhoben werden. Auch wenn in der moderneren Psychiatrie Hospitalisierungsphänomene möglichst vermieden werden, so bleibt doch die Tatsache bestehen, dass ab einem bestimmten Zeitpunkt der Behandlung nicht mehr wirklich zwischen den genuin störungsbedingten und den durch die Behandlung mit bedingten Folgen unterschieden werden kann. Somit sind die Verlaufsprotokolle auch nach Ende der Medikation nur mit Vorsicht zu verwenden.

Da also über den unbehandelten, spontanen Verlauf der Schizophrenie praktisch nichts bekannt ist (Scharfetter 1986:205), lassen sich insbesondere eventuell stabile Endzustände der Störung in anderen Kulturen nur schwer ausmachen. Damit kann sich die Identifikation der Schizophrenie in anderen Kulturen nur auf die akuten Phasen beschränken, jedenfalls solange, bis Daten über den Verlauf der Störung in einem anderen Umfeld vorliegen. Die vorliegenden Ergebnisse der IPSS reichen dazu nicht aus, da sie zwar ein Vorhandensein der Schizophrenie in anderen Kulturen belegen, jedoch aufgrund des städtischen Milieus, in dem die Daten erhoben wurden, kaum Hinweise für den (unbehandelten) Verlauf der Störung in einem anderen kulturellen Umfeld liefern.

Es erscheint also nötig, für diese Untersuchung die Diagnosekriterien der Schizophrenie zu modifizieren und sie auf ein Substrat zu reduzieren, dass möglichst unabhängig von den Einflüssen der sie umgebenden Kultur sein sollte. Dazu erscheint es in erster Linie sinnvoll, die Diagnose auf die an der Person erkennbaren eher akuten Symptome aufzubauen. Folgesymptome, die in einem anderen kulturellen Umfeld nicht unbedingt auftreten müssen, wie berufliche und soziale Probleme, werden damit erst einmal nicht berücksichtigt.

2.7 Zwischenbetrachtung

Das Wesen der Schizophrenie als Krankheit in den euro-amerikanisch beeinflussten Kulturen ermöglicht eine direkte Übertragung auf andere Kulturen im Rahmen der hier zugrunde liegenden Krankheitsdefinition lediglich dann, wenn das zu beschreibende Phänomen in dieser Kultur auch als Krankheit, also als von kulturellen Normen hinreichend abweichend gesehen wird.

Es gibt jedoch kaum einen Grund für die Annahme, dass die Kulturen, in denen Schamanismus vorkommt, den Schamanen als krank ansehen. Er ist in das kulturelle Normensystem integriert, so dass eine Krankheitszuweisung in der Art von Devereux (1971:41) das Wesen der betreffenden Kultur ignorieren würde und damit zwangsweise eurozentristisch wäre. Somit kann das Bild der Schizophrenie höchstens auf zum Schamanenamt Berufene angewendet werden, doch wird dies erst später in dieser Arbeit erörtert werden.

Zuvor werden im Folgenden Menschen mit unbehandelten Psychosen beschrieben, da sie einen Einblick darin versprechen, wie eine, quasi nicht-diagnostizierte, Schizophrenie außerhalb der Psychiatrie ohne Behandlung verlaufen kann. Damit erscheint es möglich, näher an unbehandelte Verläufe der Störung in anderen Kulturen heranzureichen und Entsprechungen zu dort vorkommenden, kulturintern als nicht krank angesehenen Erscheinungsformen der Schizophrenie zu finden.

3 Unbehandelte Psychosen

In einem Meer von Klang, in einem Nebel von Gefühlen
regt sich eine Kraft
und die Welt ist voll von Stimmen
Stimmen die flüstern
Stimmen die lachen
Stimmen die mich zermalmen
in der Dunkelheit des Tages
aber ich trage ein Lied in meinem Herzen
das sagt
sie dürfen leben
in Frieden neben mir.
(A.L. 1997:147)

Dieses Kapitel behandelt Menschen, die typische psychotische Symptome aufweisen, sich jedoch nicht oder nicht mehr in psychiatrischer Behandlung befinden und in ihrem Leben nicht auffällig sind. Sie sind daher nicht (mehr) als krank zu bezeichnen. Insofern bedarf der Begriff der unbehandelten Psychose zuerst einer näheren Betrachtung, da unter einer Psychose normalerweise eine Krankheit verstanden wird. In Ermangelung eines Begriffs, der formal dieselben Symptome einer Psychose enthält, ohne jedoch eine Krankheit im kulturellen Sinne darzustellen, das heißt eine Behandlungsbedürftigkeit des Betreffenden zu beinhalten, verwenden auch die betreffenden Personengruppen zum großen Teil den Begriff der Psychose. Auch sie haben, mit dieser Problematik konfrontiert, keine zufrieden stellende begriffliche Alternative finden können. Zusätzlich wollen sie durch die Verwendung dieses Terminus zu einem Umdenken und Umbewerten beitragen, mit dem Ziel, durch die alltägliche Verwendung dem Begriff seine noch innewohnende Verbindung zu einem krankhaften Zustand zu nehmen (Bock 1997b:31). In diesem Sinne wird auch in dieser Arbeit von unbehandelten Psychosen gesprochen, ohne damit eine Krankheitszuweisung zu unternehmen. Die damit verbundene Problematik ist jedoch bekannt und bewusst.

In mehreren Studien, die diese Menschen mit solchen in psychiatrischer Behandlung verglichen, konnten Romme & Escher feststellen, dass sie sich unter formal beschreibenden Aspekten in ihrer veränderten Wahrnehmung nicht unterscheiden. So hören die untersuchten Schizophrenen und die Nicht-Patienten sowohl negativ wie positiv empfundene Stimmen (Romme & Escher 1997:22-23). Damit ist also auf Ebene der Grundsymptome ein Vergleich mit Psychosen möglich.

Nach einer genaueren Beschreibung der Nicht-Patienten, unterteilt in die, die überwiegend Stimmen hören und sich selbst als Stimmenhörer bezeichnen, und die mit überwiegend anderer psychotischer Wahrnehmung, werden die Faktoren untersucht, die diese Menschen dazu befähigen, mit ihrer formal psychotischen Wahrnehmung ohne psychiatrische Hilfe auszukommen.

Damit können, durch eine Betrachtung der Geschichte dieser Menschen, Hinweise dazu gefunden werden, wie psychotische Störungen wie die Schizophrenie ohne psychiatrische Intervention verlaufen, besonders, da in der klassischen Psychiatrie diese Ergebnisse nicht vorliegen und auch prinzipiell nicht erhoben werden können (Scharfetter 1986:205). Sie können somit Einblicke in die Eigendynamik der Psychose eröffnen und die Bedeutung psychiatrischer Methoden bewerten helfen (Bock 1997a:12-13). Dabei muss jedoch der Umstand berücksichtigt werden, dass die Berichte von psychotischen Erlebnissen als Teil des Privaten in verschiedenster Weise durch die Betreffenden gefiltert, selektiert und eventuell umgedeutet worden sind. Auch geschieht diese Offenbarung eines Teils der Privatsphäre mit Sicherheit nicht immer zweckfrei, wobei es dem Außenstehenden in der Regel nicht möglich ist, Einblick in diese verschiedenen Faktoren zu erhalten (Bock 1997a:45). Doch überwiegen die zu erwartenden Ergebnisse in Form von subjektiven Erlebnisberichten, auch wenn diese sich notwendigerweise durch eine nicht unbedeutende Relativität auszeichnen.

3.1 Stimmenhören

Als Erstes soll hier das Phänomen des Stimmenhörens beschrieben werden. Darunter versteht man die Wahrnehmung von als fremd empfundenen Stimmen, die von anderen Personen nicht wahrgenommen werden. Es handelt sich damit also im psychiatrischen Sinne um akustische Halluzinationen, auch wenn Betroffene häufig ein abweichendes Erklärungsmuster gefunden haben. Das Hören von Stimmen allein ist laut dem DSM-III-R zwar kein hinreichendes Symptom zur Diagnose der Schizophrenie, aber doch ein zentrales (DSM-III-R:245). In jedem Fall sieht die klassische Psychiatrie in akustischen Halluzinationen ein pathologisches Symptom, dem jedoch die Tatsache gegenübersteht, dass in den Niederlanden, gemessen an der Gesamtpopulation, auf die erwähnten 1% Schizophrenen etwa 3-5% Stimmenhörer kommen, also die Berechtigung für eine unbedingt pathologische Sicht dieses Phänomens nicht gegeben ist (Bock 1997b:32).

Diese unterschiedlichen Anteile verwundern nicht, denn es ist zu erwarten, dass sich in der Psychiatrie lediglich diejenigen Menschen finden, die Probleme mit ihren Stimmen haben. Dagegen werden die Menschen, die bewusst einen Kontakt zu Stimmen gesucht haben, oder positive Erfahrungen mit ungewollt auftretenden Stimmen gesammelt haben, keine psychiatrische Hilfe in Anspruch nehmen (van Laarhoven 1997:157-158). Einer in den Niederlanden durchgeführten Studie an verschiedenen Menschen mit akustischen Halluzinationen folgend, unterscheiden sich Menschen, die mit ihren Stimmen umgehen können von denen, die es nicht können, in der Qualität und der persönlichen Bewertung dieser Wahrnehmungen. Bei schizophrenen Patienten überwiegen die negativen Stimmen, sie haben häufiger Angst vor ihnen und fühlen sich eher durch sie in ihrem Alltag gestört (Romme & Escher 1997:22-23). Entsprechend fühlen sich die Nicht-Patienten stärker, hören öfter positive und seltener befehlende Stimmen, setzen ihnen mehr Grenzen und hören sie selektiv. Außerdem erhalten sie mehr Unterstützung von anderen in ihrer Umgebung und kommunizieren häufiger über ihre Stimmen mit anderen (Romme & Escher 1997:18).

Messungen der Hirnaktivität mittels Positron-Emissions-Tomographie bei Schizophrenen mit akustischen Halluzinationen, verglichen mit Schizophrenen ohne akustische Halluzinationen und Nicht-Schizophrenen (ohne Halluzinationen), zeigen, dass bei der ersten Gruppe zwei Bereiche des Gehirns eine reduzierte Aktivität aufweisen, wenn sie sich vorstellen sollen, dass eine fremde Stimme zu ihnen spricht. Bei den beiden Kontrollgruppen zeigen die erwähnten beiden Bereiche eine jeweils erhöhte Aktivität, wodurch die tatsächlich handelnde, „redende" Person festgestellt und die Unterscheidung zwischen Reden und Denken sichergestellt wird. Die veränderte Hirnaktivität der akustisch Halluzinierenden ist damit kein Krankheitszeichen der Schizophrenie an sich, sondern repräsentiert die spezifische Schwierigkeit oder Unfähigkeit dieser Personen, zwischen fremder und eigener interner Sprache zu unterscheiden (McGuire et al. 1995:599-600).

Weitere Befunde belegen eine elektrische Aktivität der Sprechmuskulatur bei akustischen Halluzinationen, ein normalerweise verbale Gedanken begleitendes Phänomen. Diese Subvokalisation zeigt einerseits, dass verbales Denken eine Art inneres Gespräch darstellt und dass das Stimmen*hören* physiologisch mit dem Sprechen zusammenhängt, jedoch nach der Erzeugung als verbales Denken einen anderen

Verarbeitungsweg im Gehirn einschlägt, der es den Betroffenen schließlich als Gehörtes präsentiert (Bentall 1997:177-178).

Nicht feststellbar ist mit diesen Untersuchungen die genaue Ursache dieses abweichenden Verarbeitungsprozesses. Grundsätzlich denkbar sind physische Ursachen, wie Vererbung, aber auch psychische, wie Verdrängung. Die Biographie der Stimmenhörer und die Inhalte ihrer Halluzinationen lassen jedoch die Vermutung zu, dass die endgültige Aktivierung eher mit psychischen Verdrängungsmechanismen zusammenzuhängen scheint. So treten Stimmen häufig in der Folge von traumatischen Erlebnissen auf, durch die sich der Betreffende in seiner weiteren Existenz direkt bedroht fühlt. In diesem Muster unterscheiden sich die Menschen, die in der Folge die Psychiatrie aufsuchen nicht von denen, die ihr Leben mit den Stimmen weiter führen (Romme & Escher 1997:24-25). Aber nicht jeder, der einem existentiellen Trauma ausgesetzt wird, hört in der Folge automatisch Stimmen. Dazu ist als weiterer Faktor eine bestehende besondere Sensibilität und „Dünnhäutigkeit" Voraussetzung (Bock 1997b:37).

Es ergibt sich damit für die Ursachen dieses Phänomens ein ähnliches, letztendlich auch unklares Bild, wie für die Entstehung der Schizophrenie.

Eine genaue Abgrenzung des Stimmenhörens zu der Gedankenübertragung respektive Gedankeneingebung ist nicht immer möglich. So beschreibt ein Betroffener, dass er während seiner Psychose mit anderen Menschen zu kommunizieren glaubte und deren Stimmen vernahm, betont jedoch, dass es sich dabei nicht um akustische Halluzinationen gehandelt habe (Claußen 1995:179). Ein anderer empfindet die Stimmen als Gedanken, die von außen in seinen Kopf projiziert werden, wählt zu ihrer Beschreibung aber den Begriff „Stimmen" (A.B. 1997:129-130). Eine andere Betroffene wählt zur Beschreibung der Qualität ihrer Wahrnehmung den Begriff „telepathische Kommunikation" (Anonym 1 1997:66) und betont, dass sie die Stimmen nicht akustisch wahrnimmt (68).

Diesen Beschreibungen nach kann man ihr Erleben zwischen dem Stimmenhören und der Gedankeneingebung ansiedeln, und damit zwischen diesen Phänomenen einen eher fließenden Übergang annehmen. Entsprechend ordnet Scharfetter das Stimmenhören und die Gedankeneingebung denselben Störungen des Ich zu, nämlich der mangelnden Abgrenzung gegenüber der Umwelt bzw. dem Abnehmen des Einheitsgefühls der eigenen Person. Beide können dazu führen, Eigenes nicht mehr als solches zu erkennen und Fremdes nicht mehr von Eigenem zu unterscheiden (Scharfetter 1986:46-51). Die logische Entsprechung dieses postulierten Zusammenhangs findet sich in der erwähnten fehlenden Repräsentation des Ichs im Gehirn von Stimmenhörern während des Erlebens, wobei in Fällen der erlebten Gedankeneingebung die Verarbeitungsmechanismen im Gehirn weniger gestört zu sein scheinen, da zwar das Ich nicht mehr repräsentiert ist, die Gedanken aber ihre formale Qualität behalten und keine zusätzliche Umdeutung als Gehörtes erfahren.

3.2 Sonstige psychotische Symptome

Neben Menschen, die Stimmen hören, gibt es auch solche mit den anderen für Psychosen typischen Symptomen. Besonders Wahnthemen stehen hier im Vordergrund sowie Wahrnehmungsveränderungen und Halluzinationen nicht-akustischer Art. Einige dieser Menschen fühlten sich schon in ihrer Kindheit „anders“ und häufig als Außenseiter. Vielfach scheitern sie an beruflichen Anforderungen, was sich zum Teil mit ihren zunehmenden Wahnthemen erklären lässt. Die Entstehungsgeschichte, soweit erkennbar, der Verlauf und die Inhalte der Wahnideen sind dabei unterschiedlich und folgen keinem festen Muster (Bock 1997a:287-288).

Die Wahrnehmung verändert sich häufig derart, dass ansonsten unbedeutende Dinge plötzlich eine tiefe innere Bedeutung erhalten und in völlig neuer Beziehung zueinander erlebt werden.

Halluzinationen treten eher selten auf und betreffen meist den Körper, seltener werden auch optische Halluzinationen beschrieben.

Die meisten hier zugrunde liegenden Fälle wurden von Bock gesammelt und ließen in Übereinstimmung mit einem weiteren Psychiater eine (theoretische) psychiatrische Diagnose zu (Bock 1997a:105-107).

3.3 Analyse der Bewältigungsstrategien

Die bei der Bewältigung von Psychosen ohne psychiatrische Hilfe angewendeten Strategien ordnet Bock in drei Kategorien. Neben der Zuweisung eines Sinnes des psychotischen Erlebens, im Sinne einer Integration in das eigene Leben, finden sich auch Menschen, die die Psychose aus ihrem Leben ausblenden und in keinen Sinnzusammenhang stellen. Die letzte Gruppe deutet die Psychose in wechselnden anderen Kontexten, etwa in einer Selbstrepräsentation als Künstler oder als religiöse Erscheinungen. In diesem Zusammenhang wird die Psychose nicht als solche verstanden, sondern als etwas Selbstverständliches in das Leben integriert (Bock 1997a:288). Allerdings ist in der Regel die erste Konfrontation mit den Stimmen von derart einnehmendem Charakter, dass die betreffenden Menschen zuerst Probleme haben, ihr Leben unverändert weiter zu führen und ihrer normalen Tätigkeit nachzugehen (Escher 1997b:46).

Zentraler Punkt der meisten erfolgreichen Strategien im Umgang mit Psychosen ist, besonders deutlich im Fall der Stimmenhörer, dass die veränderten Wahrnehmungen als real empfunden und als bestehender Teil der eigenen Wahrnehmung akzeptiert werden (Escher 1997b:49). Der sich hier auf den ersten Blick ergebende Widerspruch zu der eben erwähnten zweiten Gruppe lässt sich dahingehend auflösen, dass das veränderte Erleben zwar akzeptiert werden kann, ohne ihm einen weiterführenden Sinn zuzuweisen, ähnlich einer Infektionskrankheit, die zwar als solche akzeptiert wird, aber in der Regel in keinen Sinnzusammenhang zum eigenen Leben gestellt wird.

3.3.1 Rolle der Umgebung

Die Bedeutung soziokultureller Faktoren nicht nur auf die Entstehung, sondern auch auf den Verlauf oder sogar die Genese der Schizophrenie zeigt sich schon in den erwähnten unterschiedlichen Verläufen der Schizophrenie in verschiedenen Kulturen. Auch wenn die dazu beitragenden Faktoren noch nicht vollständig geklärt sind, so spielt jedoch eine akzeptierende Haltung der Umgebung gegenüber dem psychotisch erkrankten Menschen eine wichtige Rolle (Pfeiffer 1994:25). Grundvoraussetzung hierfür ist, „die andere Person als Person mit ihrem Erleben und ihren Bedürfnissen ernst zu nehmen“ (Hölling 1995:195). Dabei ist es von eher untergeordneter Bedeutung, ob die Hilfestellung zum Erlernen eines positiven Umgangs mit der veränderten Bewusstseinslage von erfahrenen Personen stammt, die selbst Ähnliches erlebt haben, oder von solchen, die offen genug sind, um der betroffenen Person zuzuhören und ihr damit den Kontakt zum „Rest der Welt“ erhalten (Jesperson 1995:198-200).

Einige Menschen mit psychotischen Erfahrungen erhalten unterstützendes Verständnis von Seiten ihrer Familie, meistens der Eltern und eventueller Geschwister. Damit gelingt es ihnen, trotz der häufig auftretenden Angst vor zwischenmenschlichen

Kontakten ein Mindestmaß an Kontakt zu erhalten (Bock 1997a:216). Allerdings kann dieses Verweilen in der vertrauten familiären Umgebung auch mit Problemen verbunden sein, wie der Fall eines 30 Jahre alten Mannes zeigt, der seit einem kurzen Klinikaufenthalt im Alter von 18 Jahren ohne weitere psychiatrische Hilfe mit seiner Mutter und seiner Schwester zusammen wohnt. Obwohl er sich bewusst ist, dass ihm die Familie einen Schutzraum bietet, stört ihn auch die Abhängigkeit von seiner Mutter. Entsprechend raten ihm auch seine Stimmen dazu, ein eigenständiges Leben zu führen, wodurch er sich in einem Dilemma wiederfindet: Die Stimmen, wegen denen er auf seine Familie angewiesen ist, und zum Teil auch er selbst wollen endlich selbstständig leben. Aber mit seinen psychotischen Symptomen, den Stimmen, hat er Angst, die Familie zu verlassen (Bock 1997a:183-186).

Viele Psychotiker suchen bewusst Kontakt zu anderen Menschen mit psychotischen Erfahrungen, da sie sich in dieser Umgebung eher verstanden und akzeptiert fühlen (Escher 1997b:48). Da diese Art des Erfahrungsaustausches jedoch entsprechende Gruppen von Psychotikern voraussetzt, kann sie dem Untersuchungsgegenstand dieser Arbeit nur wenig beisteuern und wird daher nicht weiter verfolgt. Lediglich die Lehre eines zukünftigen Schamanen bei einem erfahrenen könnte als Entsprechung dienen, doch ist in diesem Fall die Gruppe mit zwei Personen minimal und solange nicht vergleichbar, wie die hier zur Untersuchung anstehende Frage nicht positiv beantwortet ist.

Als besonders wirksam erweist sich die Zugehörigkeit zu einer oder der Eintritt in eine religiös oder metaphysisch orientierte Gruppe, in der psychotisches Erleben als besondere Begabung bewertet wird. So können Stimmen und Eingebungen und auch eine Art Heilandswahn, das heißt die Vorstellung, anderen oder der ganzen Welt helfen zu können oder zu müssen, von der religiös geprägten Umgebung hingenommen und akzeptiert, und sogar besonders beachtet werden (Bock 1997a:192). Das psychotische Erleben kann in einem religiösen Kontext eher eine konkrete sprachliche Benennung erfahren und dadurch mit anderen geteilt werden. Die Widersprüchlichkeit des Erlebens wird dadurch reduziert und kann in eine Ordnung gebracht werden (Bock 1997a:344).

Einem jungen Mann gelingt es so, durch den Eintritt in eine kleine christliche Gemeinde, seine psychotischen Wahrnehmungen als direkten Kontakt mit Jesus zu erfahren. Auf diese Weise kann er sein psychotisches Erleben integrieren, verhindert damit das Entstehen von Angst und entgeht somit der drohenden sozialen Isolation (Bock 1997a:198 u. 202).

In einer bestimmten metaphysisch geprägten Umgebung können speziell Stimmenhörer als Medien Akzeptanz und besondere Beachtung erlangen. Das zugrunde liegende Weltbild wird nach van Binsbergen im Folgenden kurz erläutert. Den Ausgangspunkt stellt die Überzeugung dar, dass alles menschliche Leben von einem Geist beseelt ist, der nach dem Tod des Menschen in seine eigene, jenseitige Welt zurückkehrt und dann in einem anderen Menschen wiedergeboren werden kann. In ihrem diesseitigen Leben hat diese Seele eine Aufgabe zu erfüllen, wobei zum Beispiel der plötzliche Tod des Körpers diese Erfüllung verhindern kann. Diese Seele kann dann nicht in ihre Welt zurückkehren und setzt sich mit einem anderen Geist in einem lebenden Körper in Verbindung. Sensible Menschen können diese Kontaktaufnahme als Stimmen wahrnehmen und diesem Geist helfen, seine Aufgaben doch noch zu erfüllen und dann in seine Welt zurückzukehren. Auch können sie mit anderen Geistern kommunizieren, etwa denen von Verstorbenen im Jenseits. Diese sensiblen Menschen mit den beschriebenen Fähigkeiten werden in diesem Weltbild als Medien bezeichnet. Dieses Modell bietet für praktisch alle Situationen, in denen Stimmen auftreten, etwa bei starker Trauer, ein Erklärungsmuster (van Binsbergen 1997:119-123). Ein Wegfallen der pathologischen Qualität des Stimmenhörens ist daher am ehesten bei diesen Menschen zu beobachten, die als Medien ihre Stimmen als besondere Begabung zur Kontaktaufnahme mit einer anderen Welt benutzen.

Dieses Weltbild weist in großen Teilen Entsprechungen zum eingangs angeführten schamanistischen Weltbild auf, die schon Findeisen zu einer Gegenüberstellung dieser beiden veranlasst hat, mit dem Ergebnis, dass sie sich in ihrem Wesen durchaus entsprechen und Medien viele Gemeinsamkeiten mit Schamanen aufweisen (Findeisen 1960).

Eine heute als Medium arbeitende Frau (Anonym 3 1997) erzählt, dass schon in ihrer Kindheit „etwas Unsichtbares in Kontakt“ mit ihr stand. Nach dem Tod ihrer Mutter beginnt sie im Alter von 13 Jahren ihre Stimme zu hören und mit ihr zu reden (79). Später sucht sie bei einer Erkrankung ihres Sohnes Kontakt zu einer „spiritualistischen Vereinigung“ und erkennt dort ihre Begabung als Medium, und dass sie über einen

„persönlichen Berater“ verfügt (81). Auch wenn sie teilweise negative Stimmen hört und es ihr nicht gelingt, mit diesen zu kommunizieren, so kann sie diese doch in ihrem Kontext als böse Geister erklären, ohne damit in eine tiefe persönliche Krise zu stürzen (83-84).

Bei einer anderen heute ebenfalls als Medium arbeitenden Person (Anonym 2 1997) beginnt die bewusste Erfahrung der Einflüsse aus der jenseitigen Welt mit dem Tod ihres Sohnes (74-75). Zur Klärung der Geräusche, die sie vernimmt, sucht sie ein Medium auf, das ihr mitteilt, ihr Sohn stände in telepathischem Kontakt zu ihr (75). Erfreut über die Erkenntnis, dass ihr Sohn in einer anderen Welt noch existiert, lernt sie bei dem Medium, ihre eigenen Fähigkeiten auszubilden und zu nutzen. Ihren eigenen Angaben zufolge treffen ihre Voraussagen bisher immer ein (78). Die auch retrospektive Wirkung ihres neuen Weltbildes zeigt sich daran, dass diese Person erst durch den Kontakt zu einem anderen Medium erkennt, dass sie schon in ihrer Kindheit in die Zukunft sehen konnte und einen spirituellen Begleiter hatte, der ihr immer eintreffende Ratschläge erteilte (75-76). Auch das Sterben ihres Sohnes erzählt sie mit einem Vokabular und Beobachtungen, wie sie sie in dieser Qualität erst durch den späteren Kontakt zu einem Medium erworben haben kann (74).

Die letztgenannten, im weitesten Sinne als religiöse Interpretation zu bezeichnenden Umgebungsfaktoren, haben mit dem psychotischen Erleben, etwa einem Wahn, gemeinsam,

> daß beide Systeme Bilder produzieren, die mit den Sinnen und der Logik alleine nicht zu fassen sind. Beide Systeme können konkurrieren oder sich stützen. Jede Religion transportiert Grundthemen menschlichen Wesens und Lebens. Psychosen können grundlegende Spannungen, denen jeder Mensch ausgesetzt ist, in besonderer Weise zuspitzen. So erstaunt es nicht, daß religiöse Einbindung eine der Bedingungen sein kann, die es erlauben, psychotische Wahrnehmungen begrifflich zu fassen und ohne psychiatrische Hilfe zu verkraften (Bock 1997a:354).

Doch auch wenn dieser Interpretationsrahmen durchaus zu einer Integration des psychotisch veränderten Erlebens, besonders des Stimmenhörens führen kann, so scheint es für unerfahrene Stimmenhörer auch eine Gefahr zu bergen. Nicht alle Bewältigungsstrategien anderer sind für jeden Betroffenen erfolgversprechend und anwendbar. Besonders der Kontakt zu Medien oder die Teilnahme an spiritualistischen

Versammlungen kann bei Unerfahrenen zu einer Verstärkung der bestehenden Verwirrung führen, wenn die Persönlichkeit des Betreffenden noch nicht ausreichend gefestigt ist (Escher 1997b:49). In diesem Zusammenhang könnte auch von Bedeutung sein, dass die hier beschriebenen Personen alle angeben, schon in ihrer Kindheit außergewöhnliche Wahrnehmungen und Erfahrungen gehabt zu haben. Sie könnten sich also einfach an das Vorhandensein von Stimmen gewöhnt haben. Diese Erfahrung beschreibt Hofkamp mit den Worten „als Kind akzeptierte ich dies [die Stimmen] bedingungslos, so wie wohl alle Kinder" (Hofkamp 1997:69).

3.3.2 Persönliche Sinngebung

Die Umgebung kann also einen Rahmen schaffen, die den Umgang mit psychotischen Erfahrungen vereinfachen und damit einer Integration dieser Erfahrungen förderlich sein kann. Voraussetzung dazu ist jedoch, dass es dem Betreffenden gelingt, in dem potentiell zur Verfügung stehenden Rahmen für sich einen subjektiven Sinn zu finden. Der Weg dahin beginnt damit, die Psychose als Teil der eigenen Persönlichkeit anzuerkennen und damit als nicht sinnlos zu betrachten (Jesperson 1995:197).

Häufig wird das Stimmenhören in einen religiösen Kontext verschoben und ermöglicht so eine Umgestaltung der inneren Selbsterfahrung in einen symbolischen, bedeutungsvollen Kontext, der von den anderen Gläubigen geteilt wird (Bock 1997a:68). Zum Teil wird dieser Prozess auch bewusst erkannt und festgestellt, dass „Glaube und Psychose [...] verschiedene Deutungen für dasselbe Erleben" darstellen (Bock 1997a:198). Ein Betroffener beschreibt die damit verbundene Erfahrung im Folgenden.

> Ich habe gelernt zu sagen: ›Hiermit löse ich mich im Namen Jesu von der Kraft der Psychose.‹ Danach kam etwas unendlich Schönes, etwas, das ich früher sicher noch als Psychose gedeutet hätte. Ich spürte Jesus. [...] Ich hänge nicht mehr an der Psychose, schon gar nicht an dem Wort. Jetzt hänge ich an Jesus (Bock 1997a:198).

Die Gleichsetzung von psychotischem und religiösem Erleben erfolgt in diesem Fall direkt durch den Betreffenden, der nach anfänglichen Psychiatrieaufenthalten weitere Psychosen durch die Interpretation seiner Erfahrungen als Kontakt zu Jesus ohne psychiatrische Hilfe durchlebt (Bock 1997a:202-203).

Religiöse Vorstellungen können durch ihre zum Teil vorhandene formale Ähnlichkeit zu psychotischen Wahnvorstellungen dem grundlegenden menschlichen Bedürfnis nach sinnvoller Ordnung aller Erfahrungen, eingeschlossen der psychotischen, entgegenkommen (Bock 1997a:344).

3.4 Auswirkungen auf die persönliche Entwicklung

In Abhängigkeit von der persönlichen Sinngebung der Psychose ergeben sich unterschiedliche Auswirkungen auf die persönliche Entwicklung.

So kann die durchlebte Psychose im Rückblick als „Zugewinn an Erfahrung, Kompetenz und Ausstrahlung" gesehen werden (Bock 1997a:201), oder sie dient, wie in den beschriebenen Fällen der Medien, als Einstieg in eine vorher nicht mögliche Karriere und Tätigkeit.

3.5 Zusammenfassung

Viele vom Stimmenhören Betroffene haben ihr eigenes Erklärungsmuster für ihre Wahrnehmungen gefunden. Auffallend an den verschiedenen Erklärungen und den damit verbundenen Strategien im Umgang mit den besonderen Wahrnehmungen ist, dass sie alle im Widerspruch zu klassischen psychiatrischen Methoden des Umgangs mit psychotischen Symptomen stehen. Die oft angestrebte Einsicht des Patienten in die Notwendigkeit, die pathologischen Stimmen zu entfernen, steht im genauen Gegensatz zu den beschriebenen Strategien, die Stimme als Teil seiner eigenen Persönlichkeit anzuerkennen und sich mit ihr zu arrangieren (Bock 1997b:34). Beispielhaft kann hier der Fall eines elfjährigen Mädchens angeführt werden, dass solange keine Probleme mit ihren Stimmen hatte, bis sie feststellte, dass es nicht selbstverständlich ist, Stimmen zu hören. Erst durch diese Einsicht werden ihre sonst positiven Stimmen vorübergehend bedrohlich, und auch nach der Wiederherstellung eines positiven Kontaktes zu ihren Stimmen bleibt der Wunsch, einfach ein normales Kind zu sein (Escher 1997a:58-59).

Das metaphysisch geprägte Weltbild der Medien scheint eine besondere Kompetenz zur erfolgreichen und unproblematischen Integration besonders von akustischen Halluzinationen zu besitzen, da es den betreffenden Personen die Möglichkeit bietet, praktisch alle Formen und Kontexte des Stimmenhörens zu erklären und zu integrieren, ohne bei ihnen Angst auszulösen.

Eine ähnlich angstvermeidende Wirkung lässt sich in der frühen Gewöhnung an Stimmen schon von Kindheit an erkennen, das zumindest so lange eine problemlose Integration des veränderten Erlebens zulässt, bis die betreffenden Personen sich ihrer Anormalität bewusst werden. Ob jedoch eine frühe Konfrontation mit Stimmen einer Pathologisierung grundsätzlich entgegenwirkt, müsste erst noch mit weiterführenden Studien geklärt werden.

Zu diesem Zeitpunkt geben die beschriebenen unbehandelten Psychotiker jedoch einen Einblick darin, wie und unter welchen (persönlichen) Voraussetzungen psychotische Symptome, die in vielen anderen Fällen zu einer Aufnahme in die Psychiatrie führen, sich in das Leben integrieren lassen. Eine frühe Gewöhnung an psychotische Symptome und ein diese erklärendes Weltbild, wie bei den Medien, haben gemeinsam, dass sie bei dem Betroffenen keine Angst aufkommen lassen. Dadurch erübrigt sich der sonst bei Psychotikern häufig zu beobachtende Rückzug von der Außenwelt und kann sogar den Zugang zu einer neuen Tätigkeit, etwa als Medium, bieten. Besonders beachtenswert ist zusätzlich die große Ähnlichkeit des mediumistischen Weltbildes mit dem schamanistischen.

4 Schamanismus

Hargi Geist, melken Geist
Erhebt euch auf dem steilen Abhang
Seht da! Sind nicht dort die Seelen?
Nun messen wir uns im Kampf
Wala Geist! Wala Geist!
Ich bin nicht geringer, nicht geringer als du.
Wie stark du auch bist, deine Schlauheit
Seele der teltime Krankheit
Seele der etulke Krankheit
Nun will ich mit dir,
Mit acht Schwertern will ich kämpfen
Auf der steilsten Spitze des Berges
Stoßen wir zusammen im Kampf
(Gesang eines Schamanen, in: Wassiljewitsch 1963:386-387)

Im Folgenden werden einzelne Aspekte aus dem sibirischen und zentralasiatischen Schamanismus auf mögliche Zusammenhänge mit der Schizophrenie bzw. unbehandelten Psychosen untersucht. Eine Gesamtanalyse des Schamanismus ist im Rahmen der Fragestellung nicht beabsichtigt. Der Schamanismus ist als kulturelles und religiöses System zahlreichen Beeinflussungen und Ausformungen unterworfen, die eine Rückführung auf psychische Besonderheiten als einzige Erklärung ausschließen. Auf weiterführende Angaben zu den einzelnen Gruppen, aus denen die als Beispiele dienenden Schamanen stammen, wird verzichtet, da im Rahmen der Fragestellung einer qualitativen Untersuchung diese nicht von Bedeutung sind. Als Anhaltspunkt der ungefähren geographischen Einordnung der betreffenden Gruppierungen in den nordasiatischen Kulturraum dient Abbildung 4.

Vor einem Einstieg in den Versuch, vergleichbare Phänomene zwischen dem Schamanen und Schizophrenen zu identifizieren, folgen zuvor noch einige grundlegende Betrachtungen und Überlegungen.

So ist zu erwarten, dass mit fortschreitender Institutionalisierung des Schamanen und seines Amtes zunehmend festgelegte Erwartungen an ihn und seine Tätigkeit gestellt werden. Der Frage, welchen Veränderungen der Schamanismus im Laufe seiner Entwicklung unterliegt, ist Tschubinow schon früh nachgegangen. Dabei glaubt er erkennen zu können, dass anfänglich alle bei einer schamanischen Sitzung Anwesenden an der Handlung teilnehmen.

> Mit steigender Kultur überragt mehr und mehr einer alle übrigen an Zauberkraft. Diese übrigen, sofern sie an der Zeremonie teilnehmen, werden zu passiven Zuschauern. Die Verrichtungen des Zauberers dagegen entwickeln sich aus einem gelegentlichen Eingreifen zu berufsmäßiger Tätigkeit. Inhaltlich werden sie immer komplizierter und zugleich konventionell gebundener (Tschubinow 1914:87).

Schließlich wird der Schamane „zum Priester, und seine Tätigkeit zum geregelten Gottesdienste“ (Tschubinow 1914:87). Ist also anfänglich der Verlauf der Sitzung „wesentlich bestimmt durch die wechselnden Bewußtseinslagen des Schamanen, so tritt mit steigender Kultur dieses subjektive Moment unverkennbar zurück.“ Die Sitzung folgt einem vorgegebenen Muster, wird zu einer künstlerischen Aufführung (Tschubinow 1914:56).

Abbildung 4: Übersichtskarte der Völker Nordasiens (Überarbeitet nach Tromnau & Löffler [1991]:41)

In der Entwicklungsgeschichte des Schamanismus sollten sich Menschen mit psychotischen Symptomen besonders in der frühen Phase des zunehmenden Einflusses eines Einzelnen hervorgetan haben. Mit fortschreitender Konventionalisierung der Sitzungen hin zum fest gefügten Schamanen-„Amt“ werden sich vererbbare oder erlernbare Varianten durchsetzen, da vermehrt festgelegte rituelle Handlungen zu vollziehen sind.

Damit ist plausibel, die Untersuchung auf diejenigen Formen des Schamanismus zu beschränken, die nicht erblich oder erlernt sind, sondern die auf eine spontane Berufung durch die Geister zurückgehen. Nur in dieser Gruppe sind Bezüge zu Menschen mit endogenen Psychosen möglich, da auch diese weder über einen gradlinigen Erbgang weitergegeben werden noch erlernbar sind. Doch auch unter diesen Voraussetzungen ist es oft nicht möglich, eine Differenzierung zwischen tatsächlich Erlebtem und echten veränderten Bewusstseinszuständen einerseits und lediglich in Erfüllung der an den Schamanen gestellten Erwartungen in seiner sozialen Rolle schauspielerisch vorgetragenen Handlungen andererseits vorzunehmen.

4.1 Kulturinterne Ansichten über den Schamanismus

In seiner Kultur hat der Schamane eine wichtige Funktion.

> [Er] heilt Krankheiten, beeinflußt das Wetter und die Jagdtiere, geleitet die Seelen der Verstorbenen ins Jenseits, vertreibt oder vernichtet übelwollende Mächte, sagt wahr und berät seine Mitmenschen bei allen Angelegenheiten, die übernatürlichen Beistand wünschenswert machen (Haase [1991]:10).

Allerdings werden einige dieser Funktionen nicht ausschließlich von Schamanen ausgeführt, so dass auch ein großer Teil des religiösen Lebens dieser Völker ohne den Schamanen abläuft (Eliade 1957:18). Aber selbst die eigentlich in seinen direkten Aufgabenbereich fallenden Tätigkeiten, wie die Heilung eines Kranken (Eliade 1957:18), können auch ohne ihn erledigt werden. Etwa bei den Nanaien und Ultschen führen insbesondere alte Menschen häufig dieselben Heilrituale durch, die ansonsten bei vergleichbaren Anlässen von Schamanen abgehalten werden (Smoljak 1998:14-15, 42-45). Der Unterschied liegt darin, dass die „normalen“ Menschen nicht in der Lage sind, direkt mit den Geistern zu kommunizieren, sondern sich auf das Bitten um Heilung oder die Austreibung der Geister beschränken müssen (Smoljak 1998:45). Dagegen kommt es im Zusammenhang mit Ritualen zur Erlangung des Jagdglücks auch zu Kämpfen zwischen Nicht-Schamanen und Geistern (Smoljak 1998:46).

Entsprechend wurden Schamanen dann zu Rate gezogen, wenn sich kein anderer Ausweg mehr finden ließ, oder wenn bei den ohne ihn durchgeführten Ritualen ein

Fehler unterlaufen war (Smoljak 1998:15). Diese erst späte Konsultation eines Schamanen kann eventuell damit zusammenhängen, dass einige Schamanen aufgrund ihrer starken oder auch gefährlichen Hilfsgeister gemieden, teilweise sogar gehasst wurden (Smoljak 1998:40-41).

Eine besondere Bedeutung kommt jedoch der Frage zu, ob sich innerhalb der Kultur Hinweise darauf finden lassen, dass Phänomene des Schamanismus mit (Geistes-)Krankheiten in Verbindung gebracht werden.

In einem von Menges bearbeiteten tungusischen Schamanengesang begibt sich der Schamane anlässlich einer Krankenheilung zum Obersten Geist, *Majïn*, und trägt ihm bei einem Gastmahl sein Anliegen vor (Menges 1993:41-42). Auch wenn der gesamte Gesang nur aus bruchstückhaften Ausrufen ohne eindeutige Satzstruktur besteht, so scheint der Schamane in dem Gesang einen Dialog mit diesem Obersten Geist darstellen zu wollen. In dessen Verlauf redet der Schamane den Geist mit „Vater Majïn" an, dieser ihn mit *irilel*, das Menges mit „der Verrückte" übersetzt (1993:93). In dem angefügten Kommentar geht er auf diese Form näher ein und leitet sie aus dem jakutischen Terminus *ïr-*, für „sich verstricken, drehen, schwindlig werden, toben, verrückt werden", her und weist auf die sprachlich nachweisbare „ursprünglich šamanistische Bedeutung des (Sich-)Drehens des von einem Geist oder Geistern Besessenen" hin (Menges 1993:221).
Somit scheint Menges davon auszugehen, dass das Wort für „verrückt" sich aus dem Begriff für „sich wie von einem Geist besessen drehen" herleitet, und dieser (ursprünglich) auch auf tanzende Schamanen angewendet wurde.

Aus einer schamanischen Geschichte, in der ein Schamane der Nganasanen sein Berufungserlebnis schildert, stammt die folgende Aussage des helfenden Geistes:

> Ursprünglich wurden sieben Erden geschaffen, und die Geister von diesen sieben Erden bewirken es, daß die (Menschen) ihren Verstand verlieren. Manche fangen einfach an zu singen, andere laufen fort, wenn sie den Verstand verlieren, und sterben; andere wiederum werden Schamanen. [...] Sobald du den Geist des Irrsinns findest, kannst du anfangen, zu beschwören und (neue) Schamanen zu weihen. [...] (Popow 1963:151-152)

In dieser Erzählung wird deutlich gesagt, dass aus der Einwirkung derselben Geister entweder ein „Verrücktsein" resultiert oder aber die Berufung zum Schamanen.

Zusätzlich wird das „Auffinden“ des „Geistes des Irrsinns“ als Grundlage des Schamanisierens angesehen und der Fähigkeit, neue Schamanen auszubilden.

Dass die Kenntnis des „Geistes des Irrsinns“ als Voraussetzung für die Weihe neuer Schamanen gesehen wird, lässt auf die Bedeutung dieses Geistes und des durch ihn ausgelösten „Irrsinns“ für die Schamanenweihe schließen. Nach einigen von Lehtisalo beschriebenen Initiationsträumen kann ein Schamane nur die Krankheiten heilen, deren verantwortliche Geister während seiner Initiation von seinem Fleisch gegessen haben, das heißt die er kennen gelernt hat (Lehtisalo 1937:15). Also scheint die notwendige Kenntnis des „Geistes des Irrsinns“ für die Schamanenweihe darauf hinzudeuten, dass die Weihe eines Schamanen bei den Nganasanen durch einen anderen Schamanen als Heilung eines vorher bestehenden „Irrsinns“ angesehen wird.

Aus der Mongolei liegen Berichte aus der Zeit einer friedlichen Koexistenz von Lamaismus und Schamanismus vor, nach denen Lamas psychisch Erkrankten die Anweisung gaben, Schamanen zu werden (Shirokogoroff 1935:282). Diese Weisung kann wohl nur darin begründet sein, dass die betreffenden Lamas erkannten, dass sich diese Menschen besonders zum Schamanenamt eigneten.

In einem anderen Fall macht eine Schamanin nach dem Tod eines alten Schamanen dessen Hilfsgeist zu dem ihrigen. Doch durch dessen besondere Stärke „erkrankte sie an schweren nervlichen Zerrüttungen (an der Schamanenkrankheit)“ (Smoljak 1998:82). Hiermit wird deutlich, dass der Geist, der für die Entstehung der nervlichen Krankheit verantwortlich gemacht wird, nicht einfach ein „böser“ Geist ist, durch dessen Austreibung die Betroffene wieder gesundet. Es handelt sich vielmehr ganz konkret um einen Hilfsgeist, ohne den ein Schamane kein Schamane sein kann.

Eine andere Frau litt mehrere Jahre an der Schamanenkrankheit, bis sie schließlich von einem erfahrenen Schamanen geheilt und selbst zu einer Schamanin geweiht wurde. Bei ihren Séancen erinnert sie sich dann an „diese Zeit als sie »verrückt« war, an die Geister, die sie gequält hatten“ (Smoljak 1998:36-37).

Mit diesen Beispielen wird deutlich, dass im Verständnis der jeweiligen schamanistischen Gruppe die Begrifflichkeiten für „verrückt“ und „Schamane“ entweder auf kultureller und/oder auf sprachlicher Ebene miteinander verbunden sind und die Abgrenzung der Bereiche Schamanismus und Verrücktheit nicht besonders fest ist.

Sollten sich die von Menges festgestellten sprachverwandtschaftlichen Zusammenhänge auch in weiteren sprachwissenschaftlichen Untersuchungen bestätigen lassen, so kann sogar davon ausgegangen werden, dass Schamanen auch direkt mit Verrückten gleichgesetzt wurden. Allerdings ist damit noch nicht abschließend geklärt, was genau unter den Begriff „verrückt" zu subsumieren ist.

Weiterführende Untersuchungen zu dieser Frage erscheinen lohnend, um die sprachlichen, und damit kognitiven Zusammenhänge zwischen Schamanismus und Verrücktsein zu klären.

In der Zeit der Berufung zum Schamanen wird der Betreffende sogar von seiner Kultur als krank angesehen, der dann häufig durch einen anderen Schamanen geheilt wird. In einigen Fällen ist diese Heilung aber nur von beschränkter Dauer, da auch praktizierende Schamanen zum Teil wieder Rückfälle erleiden, und diese dann der Konsultation anderer Schamanen bedürfen (Smoljak 1998:59) oder Sitzungen mit dem alleinigen Ziel stattfinden, den kranken Schamanen zu heilen (Smoljak 1998:58-59).

4.2 Erbfolge

Die Annahme eines Zusammenhangs zwischen Schamanismus und Schizophrenie lässt sich nur schwer mit der Aussage in Einklang bringen, die Gabe des Schamanen werde weitervererbt, da dies nicht dem Wesen der Schizophrenie entspricht. Aus diesem Grunde bleibt hier, wie eingangs erwähnt, das erbliche Schamanenamt erst einmal unberücksichtigt. Es ist jedoch fraglich, ob alle Fälle von so beschriebenen erblichen Formen des Schamanismus auch tatsächlich eine solche im biologischen Sinne darstellen. Eine echte Erblichkeit mit direkter Weitergabe des Amtes kann als ein Symptom des Niederganges des Schamanismus gesehen werden, der sich in erster Instanz durch die Weitergabe der schamanischen Fähigkeit durch einen (beliebigen) Ahnen aus der ursprünglichen direkten Erwählung durch die Geister entwickelt hat (Eliade 1957:77).

Für die Burjaten, bei denen das Amt des Schamanen erblich sein soll, bringt Sandschejew eine Art Stammbaum, der der Legitimation eines 1927 lebenden Schamanen dienen sollte. Innerhalb von sechs Generationen gab es in der betreffenden Familie nur drei Schamanen bzw. Schamaninnen, wobei der angetroffene Schamane sein Amt, das heißt die Geister, von dem Bruder seines Urgroßvaters „geerbt" hatte (Sandschejew 1927/28:978). Damit handelt es sich aber eindeutig nicht um eine Erblichkeit im biologischen Sinne.

Diószegi bringt zwei Beispiele von Schamanen bei den Sojoten, die eindeutig ihre Fähigkeiten und damit ihr Amt nicht geerbt haben, auch wenn die Sojoten selbst die Auffassung vertreten, das Schamanenamt sei erblich. Als Konsequenz davon beginnt Diószegi die Suche nach Gründen für die Bestimmung zum Schamanen und verwirft die Erblichkeitshypothese (Diószegi 1959:272-273).

Ebenso spricht gegen eine tatsächliche Erblichkeit und für eine reine Legitimation des eigenen Standes, dass sich zwei verschiedene Schamanen auf einen gemeinsamen Vorfahren als dessen Nachfolger berufen. Beide nehmen in diesem Falle für sich die Übernahme des Hilfsgeistes dieses bekannten und bedeutenden Schamanen in Anspruch (Smoljak 1998:42). Im Falle einer echten Erblichkeit könnte jedoch nur eine Person die Erbfolge und damit die Übernahme des Hilfsgeistes eines verstorbenen Schamanen antreten.

Es zeigt sich also, dass durchaus in einer Kultur eine Erblichkeit als Erklärung der besonderen Zustände der Schamanen angenommen werden kann, ohne dass im konkreten Einzelfall von einer tatsächlichen Erblinie im biologischen Sinne gesprochen werden kann. Die eventuell angeführten Erblinien, etwa bei Sandschejew, sind über Umwege konstruiert und dienen offensichtlich lediglich der Legitimation des Schamanen. Die großzügige Verwendung des Begriffs der Erblichkeit in den betreffenden Kulturen ermöglicht damit aber praktisch jedem den Zugang zum Amt des Schamanen, da es kaum Probleme aufwerfen dürfte, innerhalb mehrerer Generationen von Vorfahren zumindest einen Verwandten auszumachen, von dem das Schamanenamt „geerbt" werden kann.

Auch scheint ein Zusammenhang zwischen zunehmender Komplexität der Kultur und ihrer Abwendung vom Jäger-Sammler-Dasein und der Hinwendung vom berufenen zum ererbten Schamanen zu bestehen. Damit verbunden ist in der Regel ebenfalls eine Abwendung von trance-basierenden Ritualen hin zu eher physisch ausgerichteten Therapien, so dass der Schamane schrittweise zu einem Heiler oder Priester wird, wobei dieser meist nicht zu seiner Tätigkeit durch Geister berufen wird (Winkelman 1986:36).

4.3 Glaube an die Existenz der Geister

„Nach den Vorstellungen der Nanaien und Ultschen ist die gesamten Welt von Geistern besiedelt, die in ihren Funktionen, ihrem Äußeren, ihren Handlungen und Beziehungen gegenüber den Menschen unterschiedlich sind.“ Dabei treten die Geister besonders dort auf, wo die Menschen mit unerklärlichen, unbeeinflussbaren oder unvorhersehbaren Geschehnissen konfrontiert werden. Dies wären insbesondere Krankheiten, die durch das Eindringen eines Geistes oder die Entwendung einer Seele des Erkrankten durch einen Geist erklärt werden, aber auch Jagd- und Fischereierfolge und klimatische Phänomene (Smoljak 1998:67).

Dabei ist die Frage, ob Schamanen real an die Existenz von Geistern glauben, von zentraler Bedeutung. Denn allein die Tatsache, dass eine Kultur eine schamanistische Tradition hat, bedeutet noch nicht, dass auch alle Mitglieder dieser Kultur im selben Maße dieser Tradition verhaftet sind. Smoljak, die dieser Frage nachging, kommt nach direkten Befragungen von Schamanen zu dem Ergebnis, dass sie tatsächlich von der realen Existenz von Geistern überzeugt sind. Auch nachdem sie zu einigen Schamanen ein vertrautes Verhältnis aufgebaut hatte, wurde ihr etwa geantwortet: „Ich fürchte mich, dir zu erzählen und Angaben zu machen; meine Geister werden zornig“ (1998:62).

Dies deckt sich ebenfalls mit der Aussage, dass noch im 20. Jahrhundert viele Nanaien und Ultschen an Geister glaubten. „Aber der Grad der Treue an den Glauben fiel bei verschiedenen Leuten und in verschiedenen Familien unterschiedlich aus“ (Smoljak 1998:63).

Es stammten jedoch nicht alle Schamanen aus gläubigen Familien. Insbesondere diejenigen Schamanen, „die an der Schamanenkrankheit litten, [widersetzten sich] lange und hartnäckig dem »Ansturm« der sie aufsuchenden Geister: Alle glaubten, daß es in der Realität keine Geister gab, deswegen litten sie. Als ein Mann zum Schamanen geworden war, glaubte er eben deswegen an seine Hilfsgeister.“ (Smoljak 1998:62)

Also ist hiernach die Schwere der Schamanenkrankheit umgekehrt proportional zu dem Glauben an die reale Existenz der Geister. Eine Heilung von derselben ist dann immer mit einem Glaubenswandel verbunden, so dass nachher die betreffenden Schamanen von der realen Existenz der Geister überzeugt sind. Dieser Glaubenswandel entspricht der von Devereux vermuteten Umstrukturierung der zuerst vollkommen persönlichen Erfahrungen des zukünftigen Schamanen zu einem kulturintern konventionalisierten Muster (Devereux 1971:31), hier vorhanden in der Anerkennung der persönlichen Probleme als Heimsuchung durch Geister und damit einer Berufung zum Schamanen.

Parallel dazu ist es für Menschen mit unbehandelten Psychosen eine Grundvoraussetzung für einen positiven Umgang etwa mit den sie „heimsuchenden“ Stimmen, dass sie diese als real existent anerkennen. Das Leugnen oder die Verdrängung der Stimmen führt zu Problemen dieser Menschen, die nicht selten zu einer Einweisung in eine psychiatrische Anstalt führen (Romme & Escher 1997:253-254)

4.4 Werdegang zum Schamanen

Ausgegangen wird hier von dem nicht universellen, jedoch häufig berichteten Werdegang des Schamanen, der mit einer subjektiv empfundenen Berufung durch die Geister beginnt, zum Teil eine Unterweisung durch schon praktizierende Schamanen beinhaltet, ihren Höhepunkt in dem Initiationstraum findet, und damit den nun fertigen Schamanen in sein Amt entlässt.

4.4.1 Berufungsphase

Die Gruppe der hier untersuchten Schamanen beginnt ihre „Karriere“ mit einer Berufung durch die Geister, die versuchen, den betreffenden Menschen dazu zu bringen, Schamane zu werden. Diese Phase wird als Initiationskrankheit bezeichnet, da häufig die zukünftigen Schamanen in dieser Zeit von den Geistern gequält werden und dadurch außerstande sind, ihr gewohntes Leben weiterzuführen (Basilow 1995:123). So ziehen einzelne Novizen ziellos umher (Lehtisalo 1937:12), fliehen in die Wildnis, ernähren sich von rohem Fleisch und verwahrlosen (Smoljak 1998:39). Andere verändern sich in ihrem Wesen derart, dass selbst der eigenen Vater sie nicht mehr als denselben erkennt (Findeisen 1960:193-194).

Dabei ist die Frage, ob in der Initiationskrankheit eine Strafe der Geister als Folge der Weigerung des Auserwählten, Schamane zu werden, oder einfach nur ein Zeichen der Geister für ihre Wahl zu sehen ist (Basilow 1995:122), vollkommen bedeutungslos für die Erkundung eines eventuellen Zusammenhangs mit psychischen Störungen. Mag es für die Bewertung innerhalb der Kultur eine Bedeutung haben, so bleibt die Tatsache bestehen, dass die Initiationskrankheit immer solange andauert, wie der Auserwählte nicht tatsächlich das Amt des Schamanen angenommen und zu schamanisieren angefangen hat (etwa Basilow 1995:123, 124; Smoljak 1998:62).

Eine genauere Differenzierung und Isolierung von Symptomen ist an dieser Stelle noch nicht notwendig, da selbst Kritiker an einer pathologischen Herkunft des Schamanismus, wie Shirokogoroff, Eliade und Walsh, diesen Zustand als Krankheit anerkannt haben. Für Eliade ist jedoch nicht die in dieser Zeit eventuell diagnostizierbare psychische Störung von Bedeutung, sondern allein die Tatsache, dass später der praktizierende Schamane als geheilt anzusehen sei (1957:37). Eine ähnliche Betrachtungsweise nimmt auch Shirokogoroff ein, mit dem Unterschied, dass er die Erkrankung des zukünftigen Schamanen als Psychose bezeichnet, aber auch die Meisterung derselben in den Vordergrund rückt (1935:366). Walsh zieht entsprechend dem DSM die Möglichkeit einer „atypischen" Psychose, wohl entsprechend der Nicht Näher Bezeichneten Psychotischen Störung (DSM-III-R:264), in Betracht, lehnt die Schizophrenie jedoch ab, mit dem Hauptargument des guten Ausganges und der kurzen Dauer der Initiationskrankheit (Walsh 1998:112-113).

Schon an dieser Stelle ergibt sich eine interessante Schlussfolgerung aus der Tatsache, dass von praktisch allen Autoren die Initiationskrankheit als wesentlicher Bestandteil des Schamanismus angesehen wird. Wenn die Ursache für diese Krankheit allgemein akzeptiert in einer psychischen Störung, meist einer Psychose, liegt und diese zugehörig zur Schamanenwerdung ist, bedeutet dies, dass die Struktur des Schamanismus auf die Symptome einer psychotischen Störung abgestimmt ist. In letzter Instanz kann vor diesem Hintergrund das Entstehen eines schamanistischen Glaubenssystems auf das Auftreten von psychotischen Störungen zurückgeführt werden.

Das Ablehnen einer schweren psychischen Krankheit, wie der Schizophrenie, in dieser Phase mit dem Argument, dass der spätere Schamane gesund sei, da er seine Funktion erfülle (Eliade 1957:38, Walsh 1998:111, 275), muss kein sicheres Kriterium für tatsächliche psychische Gesundheit darstellen, da es sich auch um eine reine

Angepasstheit an ein spezifisches kulturelles Umfeld handeln kann (Devereux 1971:24, 41-42).

Ein Rekurrieren auf eine Nicht Näher Bezeichnete Psychotische Störung nach dem DSM-III-R ist jedoch wenig sinnvoll, zieht man die unter Kapitel 2.1.2 angeführten Bedenken gegen die Kriterien, die diese gegen die Schizophrenie abgrenzen, in Betracht. Die betreffenden Personen berichten von Erlebnissen, die nach den westlichen Begriffen als Halluzinationen, meist akustischer Art, zu klassifizieren wären, und fühlen sich von den Geistern verfolgt, was einem (Verfolgungs-)Wahn gleichkommt. Rein phänomenologisch ändert sich nichts an dieser Betrachtungsweise dadurch, dass die entsprechende Kultur diese Erlebnisse als real anerkennt, da die Tatsache bestehen bleibt, dass diese Personen Dinge wahrnehmen, die andere in ihrer unmittelbaren Umgebung nicht erkennen. Auch passen die beschriebenen Persönlichkeitsveränderungen in dieses Bild.

Zusätzlich ist während dieser Phase praktisch auszuschließen, dass die betreffenden Personen rollenspezifische Erwartungen durch die Erzählung bestimmter erwarteter Dinge erfüllen, da die zukünftigen Schamanen sich häufig gegen die Erwählung zum Schamanen wehren (Sandschejew 1927/28:977). Es gibt auch keine Hinweise darauf, dass ein Schamane Vorteile aus einer behaupteten besonders schweren Initiationskrankheit ziehen könnte, so dass es keinen Anlass gibt, die vorliegenden Berichte als übertrieben zu werten.

Insofern ist also die Gleichsetzung der Initiationskrankheit mit einer Psychose auch im Einklang mit den Kritikern eines psychopathologischen Zusammenhangs durchaus möglich. Ob die Initiationskrankheit in Bezug auf Dauer und Ausgang tatsächlich eine Gleichsetzung mit der Schizophrenie ausschließt, muss jedoch einer Prüfung unterzogen werden.

Die Dauer der Initiationskrankheit scheint häufig nicht aufgezeichnet zu sein, oder mit Erläuterungen der Art, „daß für gewöhnlich der künftige Schamane stirbt und drei Tage ohne Essen und Trinken in der Jurte liegt“ (Eliade 1957:45-46), eher dem mythischen Bereich zugehörig zu sein. Doch finden sich zumindest bei den Jakuten auch mythische Überlieferungen, die von drei Jahren bzw. einem Jahr Dauer der Initiationsphase ausgehen (Eliade 1957:46). Konkrete Angaben aus den (Auto-)Biographien von Schamanen, von denen hier nur eine kleine Auswahl angeführt werden kann, geben zwei (Kasachen, Basilow 1995:122), sieben (Nganasanen, Lehtisalo 1937:12) oder auch 12 Jahre (Usbeken, Basilow 1995:123) als Dauer der Initiationskrankheit an. Damit kann von einer kurzen Krankheitsphase nicht ausgegangen werden, zumindest dauert die Störung deutlich länger als sechs Monate an. Somit ist eine Schizophreniforme Störung diagnostisch auszuschließen (DSM-III-R:244, 455; vgl. Abbildung 1).

Der behauptete gute Ausgang der psychotischen Störung stellt einerseits keinen Widerspruch zu der Schizophrenie dar*, andererseits muss der gute Ausgang der Initiationskrankheit an sich erst noch geprüft und zusätzlich im Zusammenhang mit der umgebenden Kultur und deren Weltbild betrachtet werden, was an dieser Stelle noch nicht möglich ist und worauf erst in einer abschließenden Betrachtung eingegangen werden kann**.

4.4.2 Initiationstraum

Der von Eliade angeführte typische Initiationstraum eines Schamanen besteht darin, dass dieser im Traum von Geistwesen zerstückelt und, in der Regel nach völliger Entfleischung, seine Knochen wieder mit Fleisch bedeckt werden und damit der Wandel zum Schamanen vollzogen ist. Diese Prozedur lässt sich als ritueller Tod mit nachfolgender Auferstehung deuten (Eliade 1957:44). Eine Zusammenstellung verschiedener Initiationsträume diverser schamanistischer Kulturen findet sich bei Lehtisalo (1937), wobei ein Verweis auf ihn an dieser Stelle genügen mag, da ein detaillierteres Eingehen auf die konkreten Inhalte und Ausformungen hier nicht nötig ist.

Die Frage, ob diese Art von Traum eventuell typisch für schizophrene Menschen ist, kann erst durch die Identifikation eines typisch schizophrenen Traummusters geklärt werden. In einem Versuch, dieses zu isolieren, konnte Langenstein bei Schizophrenen jedoch kein allgemein von nicht an Schizophrenie Erkrankten abweichendes Muster im Traum identifizieren. Es war lediglich eine Tendenz zu vermehrten aggressiven Handlungen gegen den Träumer festzustellen (Langenstein 1990:98-99, 159). Auch trat eine Häufung von Verfolgungsszenarien zutage, die sich jedoch alternativ auch mit der von Schizophrenen als bedrohlich empfundenen sozialen Umwelt erklären lässt, oder als Manifestation eines Verfolgungswahnes im Traum (Langenstein 1990:98).

Der typische Initiationstraum lässt sich in seiner unmittelbaren Form also nicht bei Schizophrenen erkennen und damit als schizophrenietypisch beschreiben, auch wenn er

* siehe Kapitel 2.4
** siehe Kapitel 4.8

in das beschriebene aggressive Muster der Träume passen würde. Eine wirkliche inhaltliche Übereinstimmung ist allerdings aufgrund der unterschiedlichen kulturellen Hintergründe, die die Traumgestaltung maßgeblich beeinflussen, auch nicht zu erwarten.

Allerdings ist unklar, ob es sich bei dem als solchen bezeichneten Traum wirklich um einen Traum in unserem Verständnis handelt, oder ob es nicht auch ein psychotisches Erlebnis sein könnte. Grundvoraussetzung für diese These ist, dass in den jeweiligen Sprachen nicht strikt zwischen Wahnvorstellungen, Halluzinationen und Träumen unterschieden wird. Untersuchungen zu diesem Thema sind dem Verfasser nicht bekannt. Allein jedoch die Tatsache, dass Eliade eine Séance beschreibt, in der sich der Schamane „nach Süden [wendet] und träumt" und unmittelbar darauf eine aktive Rolle in der Séance einnimmt (Eliade 1957:221-222), spricht für eine sehr weite Verwendung des Terminus „träumen", da das beschriebene Verhalten sich nicht mit einem klassischen Traum vereinbaren lässt und eher auf verändertes Erleben im Wachzustand hinweist. Ob diese unspezifische Verwendung auf eine nur unklare Differenzierung in der betreffenden Sprache oder einfach auf unkritische Verwendung seitens des Ethnographen zurückzuführen ist, ist letztendlich unbedeutend. Es rechtfertigt in jedem Fall einen Vergleich mit anderen traumähnlichen, rein subjektiven Zuständen.

Ein typisches Symptom der Schizophrenie ist der Verlust der Selbstidentität, das heißt der Betroffene erlebt sich nicht mehr als ein zusammengehöriges Ganzes. Auf körperlicher Ebene geht damit häufig ein gestörtes Wahrnehmen des Körpers einher, das unter anderem in dem Gefühl resultieren kann, der Körper oder einzelne Organe werden zerrissen, zerfressen oder entfernt. Wenn dieser hypochondrische Wahn seitens des Betroffenen religiös gedeutet wird, kann die Überzeugung entstehen, von guten und bösen Mächten zerrissen zu werden. Diese Thematisierung des Wahns stellt aber nur den ersten möglichen Schritt in Richtung auf eine Überkompensation dar, die Überwindung der psychotischen Angst in Form eines Heilandswahns. Auf diesem Weg löst der Betroffene vorübergehend seine aus der empfundenen Bedrohung resultierenden Probleme, indem er andere in seinem Umfeld oder die ganze Welt aus einer Bedrohung errettet, oder zu erretten versucht (Scharfetter 1986:46-47).

Dieses vorab beschriebene körperliche Gefühl könnte in dem kulturellen Rahmen schamanistischer Kulturen durchaus eine Interpretation erfahren, die es mit den berichteten so genannten Initiationsträumen in Kongruenz bringt. Wie groß die Entsprechungen des Inhaltes des typischen Initiationstraumes und dem Erleben von Körperhalluzinationen sein können, zeigt ein Vergleich mit den in Kapitel 2 beschriebenen Erscheinungsformen der Letzteren.

Zusammenfassend lässt sich der so genannte Initiationstraum als unspezifische, mögliche Thematisierung eines psychotischen Wahns im Traum deuten, oder aber als finalen Schritt des psychotischen Erlebens zur Kompensation. Dies käme dann einer tatsächlichen Heilung (Scharfetter 1986:57) des hypochondrischen Wahns gleich. Die kulturspezifische Kompensation in Form des Schamanenamtes findet sein Korrelat in westlichen Kulturen in dem Heilandswahn, der in der westlichen Kultur jedoch als *Über*kompensation gesehen werden muss und selten einen dauerhaften Ausweg bietet. Findet der Betroffene jedoch eine Gruppe von Anhängern, so kann sich dieser Heilandswahn auch dauerhaft manifestieren (Scharfetter 1986:57-58).

Es kann allerdings auch nicht ausgeschlossen werden, dass der Initiationstraum aus keiner der angeführten subjektiven Erlebensformen resultiert, sondern lediglich vom Schamanen als immanenter Bestandteil seiner Berufung zur Legitimation berichtet wird.

4.4.3 Eintritt ins Schamanenamt

Wenn in einer schamanistischen Kultur ein Betroffener seine Ängste bis zum denkbar weitestgehenden Punkt gesteigert hat, indem er völlig zerstückelt, also getötet wurde, und die Kultur in dem Amt des Schamanen gerade eine Lösung anbietet, seinen „Heilandswahn" auszuleben, so muss darin aus psychopathologischer Sicht eine gewisse Gesundung des Betroffenen gefolgert werden. Er hat seine Psychose bis zum maximal Möglichen durchlebt (Tod) und kann dann ein Integrationsangebot seiner Kultur nutzen, das einem Betroffenen in unserer Kultur sehr entgegenkommen würde. Das Amt des Schamanen erscheint als idealer Punkt zu einer in diesem kulturellen Rahmen möglichen Kompensation. Damit muss dann auch das Wahnthema in sich zusammenbrechen, und tatsächlich wird das Initiationserlebnis der Zerstückelung auch als finales Erlebnis berichtet, das nachher nicht mehr auftritt und auch in der Regel die vorangegangene Bedrohung und Verfolgung seitens der Geister beendet (Basilow 1995:155-156).

4.5 Praktizierender Schamane

Für einen praktizierenden Schamanen scheidet eine Gleichsetzung mit einem Schizophrenen erst einmal aus, da kein Anlass zu der Vermutung besteht, die umgebende Kultur sehe den Schamanen grundsätzlich als Kranken an.

Jedoch ist zum einen diese grundsätzliche Gesundheit des Schamanen im kulturinternen Sinne zu überprüfen, zum anderen spricht nichts dagegen, den praktizierenden Schamanen einem Vergleich mit Menschen mit unbehandelten Psychosen zu unterziehen und nach psychotischen Symptomen zu suchen. Zusätzlich kann der praktizierende Schamane, wenn er vor seiner Initiation an der Initiationskrankheit litt und diese die modifizierten Kriterien der Schizophrenie erfüllte, Hinweise auf den weiteren Verlauf und Ausgang der Schizophrenie in einem besonderen kulturellen Umfeld liefern.

4.5.1 Gesundheit des Schamanen

Nach Eliade gehört der Schamane zu den gesündesten Menschen seiner Gruppe, da er nach der überwundenen Initiationskrankheit über eine dem normalen Menschen seiner Kultur unerreichbare Konzentrationsfähigkeit und eine übernormale Nervenkonstitution verfüge (Eliade 1957:38). Walsh beschreibt ihn ähnlich, räumt jedoch ein, dass er mit seiner Gesundheit nicht grundsätzlich über den anderen Mitgliedern seiner Kultur stehe, das heißt er unterliegt grundsätzlich denselben Krankheiten, die gewöhnlich in seiner Umgebung vorkommen können (Walsh 1998:111). Doch stünden diese Krankheiten in keinem Zusammenhang mit psychotischen Störungen, da der Schamane nach der Initiation einen gesunden Eindruck mache (113).

Smoljak berichtet jedoch von typischen Fällen bei den Nanaien und Ultschen, bei denen regelmäßig Zusammenkünfte stattfinden, die dazu dienen, den kranken Schamanen wieder zu heilen (Smoljak 1998:58-59). Basilow beschreibt für die Kasachen Ähnliches und bezeichnet diese Séancen als regelmäßig wiederkehrendes „wiederholtes Initiationsritual“, das auch spontan abgehalten wurde, etwa wenn eine Schamanin als Folge einer nicht gelungenen Heilung eines Klienten selbst schwer erkrankte (Basilow 1995:69). Bei ernsteren eigenen Krankheiten, denen der Schamane nicht selbst beikommen konnte, fanden auch spezielle Séancen für den erkrankten Schamanen durch andere herbeigerufene Schamanen statt (Smoljak 1998:59, 64). Wohl auch nicht grundlos findet sich bei den Nanaien der Glaube, dass ein Schamane, der sich weigert zu schamanisieren, von seinem Hilfsgeist mit neuen Krankheiten bestraft wird (Smoljak 1998:129-130).

Zusätzlich gibt es Fälle, bei denen nach einer überstandenen Initiationskrankheit der Schamane von den Geistern zu einer Séance bewegt wurde, „aber dabei lösten sie bei ihm die üblichen Krankheiten aus“ (Smoljak 1998:65).

Es kann damit also nicht von einer allgemein für Schamanen geltenden guten Gesundheit ausgegangen werden, die über den Gesundheitsgrad der normalen Bevölkerung hinausgeht. Vielmehr scheinen die Anzeichen der Schamanenkrankheit in einigen Fällen auch nach der Initiation noch zu persistieren, zum Teil sogar in regelmäßig wiederkehrenden Episoden. Leider enthalten die vorliegenden Biographien von Schamanen keinen direkten Verlaufsfall eines Schamanen, in dem detailliert die Symptome seiner Initiationskrankheit und die nach seiner Initiation weiter bestehenden psychotischen Restsymptome beschrieben werden. Die Biographien umfassen meist nur eine der beiden Phasen in ausreichender Genauigkeit. Trotzdem lassen die Berichte den Schluss zu, dass die häufiger bei praktizierenden Schamanen auftretenden Krankheiten mit der Initiationskrankheit in Verbindung stehen und damit einen psychotischen Charakter haben.

4.5.2 Intellektuelle Leistungen

Dem Schamanen kommt innerhalb seiner Kultur häufig die Rolle desjenigen zu, der die Geschichte und die mythischen Überlieferungen kennt und weitergibt. Er verfügt angeblich über einen größeren Wortschatz als der „normale“ Mensch in seiner Umgebung und kann sich oft lange Gesänge merken und reproduzieren. Die hierzu nötige intellektuelle Kapazität wird häufig zum Anlass genommen, einen Zusammenhang des Schamanen mit „Geisteskrankheiten“, insbesondere der Schizophrenie, auszuschließen (Mankowski 1988:139). Doch warnt schon Shirokogoroff davor, diese angeblichen Besonderheiten zu sehr hervorzuheben, da sie lediglich aus der häufigeren Beschäftigung etwa mit den Mythen resultiere, und somit nicht auf die Person des Schamanen zurückzuführen sei, sondern lediglich auf die mit seinem Amt verbundenen Tätigkeiten (Shirokogoroff 1935:376).

Doch gerade die Schizophrenie zeichnet sich dadurch aus, dass psychische Funktionen wie Gedächtnis, Orientierung in Raum und Zeit, sowie Aufmerksamkeit primär intakt bleiben, auch wenn sie gestört sein können (E. Bleuler 1911:44-45).
Auf einige dieser intellektuellen Leistungen wird im Folgenden näher eingegangen.

4.5.2.1 Sprache

Die von Eliade angeführte Geheimsprache vieler Schamanen wird von ihm selbst als die Nachahmung von Tierlauten und -schreien beschrieben und dient der Verständigung des Schamanen mit den entsprechenden Tiergeistern (Eliade 1957:103-105), womit diesen Lautäußerungen nur schwerlich die Qualität einer wirklichen Sprache zukommt.

Berichten von Schamanen, die während einer Séance plötzlich in einer ihnen fremden Sprache reden (Shirokogoroff 1935:256), kann man lediglich Berichte zur Seite stellen, in denen ein Mann berichtet, er habe während seiner beginnenden Psychose bei einem Gottesdienst in einer ihm fremden Sprache sprechen können (Bock 1997a:188). In beiden Fällen ist jedoch eine genaue Klärung der Umstände nicht möglich, da für einen Beobachter eines schamanischen Rituals eventuell nicht erkennbar ist, ob der Schamane lediglich Unverständliches sagt oder in einer fremden Sprache redet (etwa Menges 1983:60). Auch fehlen häufig Angaben darüber, ob der betreffende Schamane nicht vielleicht doch über die entsprechenden Sprachkenntnisse verfügt. Bei den Tungusen ist es jedoch so, dass viele von ihnen über Kenntnisse von fremden Sprachen verfügen, auch wenn sie dies bewusst zum Teil bestreiten. Dies liegt in ihrer Überzeugung begründet, dass sie fremde Sprachen genauso wenig glauben lernen zu können, wie ein Fremder ihre Sprache. Doch durch ihre häufigen Kontakte zu benachbarten Gruppen kommt es nach Shirokogoroff zu einem unbewussten Lernen zumindest von Teilen dieser Sprachen. Damit sind dann diese Sprachkenntnisse auch nur in einem Zustand verfügbar, in dem das normale Wachbewusstsein ausgeschaltet ist, also im Schlaf oder in Trancezuständen während der Séance (Shirokogoroff 1935:256-257).
In einer der wenigen detaillierten sprachlichen Untersuchungen kann Menges in den für den ursprünglichen Aufzeichner unverständlichen Passagen eines Schamanengesanges grundsätzlich fremdsprachliche Elemente identifizieren. Es handelt sich bei diesen Textstellen um „russisch-kirchenslavische" Bruchstücke einer Liturgie, jedoch

sprachlich verfremdet und völlig ohne Sinnzusammenhang in den Gesang des vortragenden Schamanen eingebaut. Damit liegt der Schluss nahe, dass der betreffende ewenki-tungusische Schamane die zugrunde liegenden Teile der Liturgie wohl öfters gehört hatte, ohne jedoch die Sprache zu beherrschen und damit genau zu wissen, was sie bedeuten (Menges 1993:46-47 u. 108). Ihre Verwendung in diesem Gesang ist daher nicht als fremdsprachliche Fähigkeit zu verstehen, sondern als eine Integration von machtvollen fremden Worten in das eigene Ritual mit dem Ziel, an dieser den Begriffen innewohnenden Kraft zu partizipieren.

Andererseits fehlen im eben erwähnten Fall des psychotischen Mannes entsprechende Angaben über die genauen Rahmenumstände, ob die Umstehenden auch die fremdsprachliche Befähigung bezeugen können, und welche Kontakte dieser Mann vorher zu der angeblich benutzten Sprache hatte.

In beiden Fällen kann also wohl eine gute Erklärung der (angeblichen?) Fremdsprachenbeherrschung in dem Aufschnappen von fremden Worten ohne Sinnesverständnis oder dem unbewussten Lernen von Sprachelementen gefunden werden.

Eliade hebt die intellektuelle Überlegenheit des Schamanen gegenüber seiner Umgebung dadurch hervor, dass jener über einen deutlich größeren „poetischen Wortschatz“ verfügt (1957:40). Ob dieser dreimal so große Wortschatz tatsächlich aus neuen Begriffen zusammengesetzt ist, wird sich heute nur noch schwer klären lassen, doch weisen die linguistischen Analysen Menges‘ eventuell in eine andere Richtung. Beim erstmaligen Lesen älterer Aufzeichnungen von ewenkischen Schamanengesängen hatte er Probleme, die diesen zugrunde liegende Sprache zu erkennen, da die Worte durch zahlreiche Füllsilben verfremdet waren (Menges 1993:21-22). Es ist damit nicht auszuschließen, dass einem weniger linguistisch versierten Beobachter so der Eindruck entsteht, der Schamane verfüge über ein größeres Repertoire an Worten, als dies tatsächlich der Fall ist.

Ein bei Schizophrenen häufig auftretendes Symptom sind Wortneuschöpfungen, so genannte Neologismen (E. Bleuler 1975:417). Zum Teil entstehen sie einfach nur aus Zusammenfügungen von bestehenden Worten, können aber bis hin zu der Erfindung einer eigenen, für Außenstehende unverständlichen Sprache mit zum Teil metaphorischem Charakter führen. Neben dieser Privatsprache bedient sich der Betreffende in alltäglichen Situationen der normalen Sprache zur zielgerichteten Kommunikation (Bock

1997a:124-126). Die Veranlassung zu solchen Neubildungen findet sich eventuell in den Beschreibungen eines psychotischen Mannes, dem die Eindimensionalität der Sprache für das Erfassen und Beschreiben des psychotischen Erlebens nicht ausreichte. Er war nicht in der Lage, „die seelischen Dimensionen in die Sprache umzusetzen, weil die Kompetenz der Sprache einfach nicht weit genug reicht" (Bock 1997a:229). Als Folge davon findet sich metaphorische Sprache gleichsam bei Dichtern wie bei Schizophrenen, wobei die Ähnlichkeiten zwischen poetischen Werken und schizophrenen Produkten beeindrucken (Goldwert 1992a:229). Ein bedeutsamer Unterschied liegt aber darin, dass sich der Schizophrene seiner häufig metaphorischen Sprache nicht bewusst ist, das heißt für ihn sind die Metaphern real und wörtlich gemeint (Arieti 1980:470). Allerdings ist dieser Unterschied in der Form der sprachlichen Ausdrücke an sich nicht zu erkennen. Andererseits ist über die bewusste Verwendung von Metaphern bei Schamanen nichts bekannt.

Es würde jedoch zu weit führen, auf Basis dieses Materials einen Beleg für Übereinstimmungen von Schamanen und Schizophrenen sehen zu wollen. Es scheint sich lediglich um einen Bereich zu handeln, in dem detailliertere Untersuchungen noch zu interessanten Ergebnissen führen könnten. Zumindest stehen die sprachbezogenen Besonderheiten von Schamanen in keinem Widerspruch zu den Fähigkeiten Schizophrener oder Psychotiker, da bei Schizophrenen keine selbstständigen Störungen der Sprache zu beobachten sind. Die vorhandenen Besonderheiten spiegeln lediglich das veränderte Denken und Wahrnehmen wieder, wobei Schizophrenen nur dann ihre Sprache völlig aufgeben, das heißt nicht mehr benutzen, wenn sie „den Kontakt mit der Außenwelt verloren und ihr nichts zu sagen haben" (E. Bleuler 1975:415).

4.5.2.2 Kreativität

Ein Teil der Einwände gegen eine mögliche „Pathologisierung" von Schamanen zielt auf die sich vielfältig äußernde Kreativität des Schamanen (Walsh 1998:275), wie sie sich etwa in der Dekoration der Trommel, der Gestaltung des Gewands oder in anderen bildlichen Darstellungen findet.

Bei Schizophrenen wird dagegen die häufig angenommene Verschlimmerung des geistigen Zustandes (Walsh 1998:113) zu einem „desolaten Endzustand" hin als unvereinbar mit den beobachtbaren künstlerischen Leistungen des Schamanen gesehen (J. Haas 1976:199).

Wadeson & Carpenter ließen Schizophrene im therapeutischen Rahmen Bilder malen. In drei Untersuchungsphasen, während nicht medikamentös behandelten akuten Stadien, nach der Erholung und in einer ein Jahr späteren Nachuntersuchung sollten die Teilnehmer ein freies Bild, ein Selbstportrait, ein Bild ihrer Erkrankung und jeweils eins der erlebten Halluzinationen und Wahnvorstellungen erstellen (1976:302-303). Ohne hier auf die Inhalte der so entstandenen Bilder und ihre therapeutische Relevanz eingehen zu müssen, beeindrucken diese Bilder zum Teil durch ihre künstlerische Darstellung und Komposition. Zudem zeigen sie, dass die Betroffenen in hohem Maße zu einer teilweise symbolischen und abstrakten Umsetzung ihrer subjektiven Erlebniswelt in bildliche Darstellungen imstande sind.

Weitere von Schizophrenen gemalte Bilder bezeugen die potentielle Kreativität von Schizophrenen und weisen zudem Ähnlichkeiten und Entsprechungen zu Bildern von Schamanen (Abbildung 5) oder durch Halluzinogene induzierten Visionen auf (Vitebsky 1998:138-139).

Die übliche schizophrene Halluzination des oral-genitalen Verschlungenwerdens (rechts) kann mit der Zeichnung des Hilfsgeistes eines Inuit-Schamanen (oben) verglichen werden. Kurz nachdem er seine Eltern verloren hatte, kam dieser Geist zu ihm und sagte: „Hab keine Angst vor mir, auch ich kämpfe gegen traurige Gedanken."

Abbildung 5 (Vitebsky 1998:138; Text im Original)

Es gibt zahlreiche Künstler, die schizophren oder zumindest psychotisch waren, und gerade in dieser Zeit bedeutende und beeindruckende Kunstwerke geschaffen haben (E. Haas 1980:88-91). Einen tiefen Einblick in die künstlerische Schaffenskraft verschiedener Geisteskranker, auch Schizophrener, gibt die bekannte Prinzhorn-Sammlung, auf die hier jedoch nur verwiesen werden soll (Gercke & Jarchov 1980).

Abbildung 6: „Schizophrene Zeichnung einer Haltung, die einen Aspekt des eigenen Charakters repräsentiert. Sie ist den Zeichnungen arktischer Schamanen ähnlich, die eher ihren geistigen als ihren körperlichen Zustand darstellen.“ (Vitebsky 1998:140)

Goldwert erklärt die zum Teil gegenüber nicht-psychotischen Menschen sogar *gesteigerte* kreative Fähigkeit mit den während der Psychose völlig veränderten Wahrnehmungen, und damit der Möglichkeit, Einblicke in sonst unbewusste Teile der Psyche zu bekommen (Goldwert 1992a:228) (Abbildung 6). Dabei ist es jedoch in der post-psychotischen Zeit von Bedeutung, dass der Betroffene ein ausreichend starkes Ich entwickelt hat, um die neuen Erlebnisse ordnen, formieren und modulieren zu können (229).

Die Behauptung, schamanische Kreativität sei unvereinbar mit einer psychotischen oder schizophrenen Erkrankung, entbehrt im Hinblick auf die angeführten Belege deutlich erkennbar jeglicher Grundlage. Im Gegenteil untermauern die häufiger beobachtbaren Ähnlichkeiten zwischen schamanischen Darstellungen und von Schizophrenen gemalten Bildern die These eines Zusammenhanges.

Allerdings ist eine generelle Bewunderung der potentiellen Darstellungsfähigkeiten eines Schizophrenen nicht angebracht, da er keine bewussten Einblicke in die von ihm verwendeten, häufig metaphorischen Stilmittel hat (Arieti 1980:469). Das oft Beeindruckende dieser Werke erklärt sich damit, dass es Perspektiven der Psyche offenbart, die einem nicht schizophrenen Menschen meist verschlossen bleiben (Scharfetter 1986:74).

4.5.2.3 Zusammenfassung

In Bezug auf die intellektuellen Fähigkeiten des Schamanen hat sich gezeigt, dass sie nicht nur in keinem Widerspruch zu den Möglichkeiten eines Schizophrenen stehen, sondern sich zum Teil mit den schizophrenietypischen „Fähigkeiten" gut erklären lassen. Die oft vehement vorgetragene Kritik an der möglichen Vergleichbarkeit zwischen diesen beiden Gruppen beruht zum Teil auf einem Begriff von der Schizophrenie, der immer noch auf dem Niveau der *Dementia praecox* zu stehen scheint (etwa J. Haas 1976:199) und damit dem aktuellen Forschungsstand nicht mehr gerecht wird.

4.5.3 Besondere Fähigkeiten des Schamanen

Schamanen werden von den unterschiedlichsten Autoren wiederholt außergewöhnliche Fähigkeiten nachgesagt, die seine herausragende Stellung in der Gesellschaft untermauern sollen. Zu diesen Fähigkeiten gehören insbesondere das Gedankenlesen, Immunität gegen Verbrennungen und Verletzungen sowie andere phantastisch anmutende Dinge, wie die Fähigkeit zu fliegen (Eliade 1957:438-445). Sie dienen aber auch dazu, ihn von dem „Vorwurf" des Psychisch-Krank-Seins frei zu sprechen. Da diese Dinge schon für „normale" Menschen unvorstellbar erscheinen, soll damit quasi nachgewiesen werden, dass nur ein äußerst gesunder Mensch dazu in der Lage sein kann.

4.5.3.1 Heilung von Kranken

Die Hauptaufgabe von Schamanen besteht nach allgemeiner Darstellung in der Heilung von Kranken (Eliade 1957:18). Die dazu als notwendig angesehenen Kenntnisse und Fertigkeiten werden häufig als Gegenargument gegen die These eines Einflusses der Schizophrenie verwendet.

Eine nähere Betrachtung der Heilungen und der tatsächlichen Erfolge unterbleibt in der Literatur jedoch häufig. Meist wird lediglich die Heilungszeremonie beschrieben, wobei die eventuelle Genesung des Patienten nicht weiter erwähnt wird (Menges 1993:40, 48). Für die Tungusen wird beschrieben, dass der Schamane zuerst herauszufinden hat, ob die betreffende Krankheit überhaupt heilbar ist. Aber auch wenn das der Fall ist, kann es doch vorkommen, dass sich die Diagnose als falsch erweist und auch nach mehreren Versuchen keine Besserung eintritt. Eine derartige, wiederholt erfolglose Behandlung scheint aber keine weiterreichenden Folgen für den Schamanen zu haben, außer dass er eben diese spezielle Krankheit nicht heilen kann (Shirokogoroff 1935:244). Auch werden keine Heilungen von Krankheiten oder Verletzungen beschrieben, die nach den Kriterien der westlichen Medizin zwingend nach physischen Maßnahmen verlangen, wie etwa Knochenbrüche.

In einigen Fällen wurde bei näherer Betrachtung der teilweise zusätzlich zu den Ritualen angewandten physischen Methoden und deren Erfolgen festgestellt, dass die seitens des Schamanen angewandten Praktiken zumindest im medizinischen Sinne nicht immer eine erfolgversprechende Therapie darstellen oder teilweise sogar kontraproduktiv waren. Dabei soll es auch zu für den Patienten tödlich endenden Behandlungen durch den Schamanen gekommen sein (Basilow 1995:57-58, mit weiteren Nachweisen).

Der zentrale Punkt in der Heilung eines Kranken durch einen Schamanen scheint damit nicht auf physische Manipulation oder Verabreichung von Medikamenten zurückzuführen zu sein. Dies entspricht auch den von Menges (1993) veröffentlichten Texten von Heilungsritualen bei den Ewenken, da dort neben der eigentlichen Séance keinerlei physische Manipulationen beschrieben werden. Nach der Studie von Winkelman ist dieses Ergebnis auch zu erwarten, da er feststellen konnte, dass das Überwiegen von wirkungsvollen physischen Handlungen zur Krankenbehandlung einhergeht mit einer Abwendung von trance-basierenden Ritualen durch berufene Schamanen hin zu Heilern, die ihre Tätigkeit in einer Ausbildung erlernen (Winkelman 1986:29). Dieses allgemeine Ergebnis aus statistischen Analysen wird für die Völker Mittelasiens zumindest von Basilow bestätigt (Basilow 1995:58).

Von besonderem Wert sind daher detaillierte Beobachtungen, wie sie etwa Oppitz in Nepal durchführte. Dabei konnte er feststellen, dass der Schamane im konkreten Fall einer schweren Geburt keinerlei physische Interventionen unternahm, die Behandlung jedoch erfolgreich mit der erwünschten Geburt endete (Oppitz 1993:390). Die dabei angewandte Methode bezeichnet Oppitz als „Desidentifizierung" und beschreibt sie folgendermaßen: Durch das Vortragen einer mythischen Geschichte während der Séance, in der der Ausgangspunkt identisch oder vergleichbar der Situation der Patientin ist, kann sich diese mit der Heldin der Geschichte identifizieren. Im weiteren Verlauf der Erzählung läuft diese auf ein schreckliches Ende hinaus, das für die Patientin in keiner Weise wünschenswert sein kann. Damit erreicht der Schamane, dass sich die Frau von der Heldin distanziert (Oppitz 1993:394). Die konkrete Wirkung dieser Desidentifizierung liegt in diesem Fall in der Auflösung ihrer angenommenen inneren, unbewussten Blockade, wodurch die Geburt ermöglicht wird.

Weiterhin betont Shirokogoroff die Bedeutung der Autosuggestion bei den Tungusen sowohl für die Entstehung als auch für die Heilung von Krankheiten. Demnach wird eine Person krank, wenn sie weiß, dass sie sich falsch verhalten hat und weiß, dass dieses Fehlverhalten zu einer bestimmten Krankheit führt. Entsprechend wird die Krankheit geheilt, indem das Fehlverhalten etwa durch eine Konsultation bei einem Schamanen beglichen wird (Shirokogoroff 1935:258-259). Seitens des Schamanen ist in solchen Fällen also lediglich ein konventionalisiertes Ritual abzuhalten, wobei die Art des Rituals sich innerhalb der kulturellen Muster direkt aus der Beschreibung des Kranken und seiner Geschichte ergibt.

Diese hieraus als notwendig resultierende Wirkung der Psyche auf physiologische Vorgänge mag auf den ersten Blick im Rahmen der westlichen Medizin unwahrscheinlich erscheinen, findet jedoch auch hier ihre Entsprechung in der Psychoneuroimmunologie, mit unter anderem durch Hypnose induzierten physischen Heilungsprozessen. Eine nicht erschöpfende Zusammenstellung der Anwendungsgebiete der Psychoneuroimmunologie findet sich bei Ader & Cohen (1993) für so unterschiedliche Bereiche wie Allergien, Krebs und AIDS.

Somit lassen sich die unbestreitbaren Heilungserfolge von Schamanen also derart erklären, dass diese nicht über unbekannte und besondere Heilungsfähigkeiten und -methoden verfügen, sondern im Rahmen ihrer Kultur und des ihrer Kultur innewohnenden Weltbildes dem Hilfesuchenden, einem Kranken, ein Erklärungsmuster innerhalb der mythischen Überlieferungen anbieten, das es dem Kranken ermöglicht, sich selbst auf psychischem Weg zu heilen. Voraussetzung dazu ist jedoch der Glaube des Patienten an die Wirksamkeit der symbolischen Handlungen des Schamanen (Oppitz 1993:390). Die damit einhergehende Heilungserwartung induziert in dem Patienten, der durch seine kulturelle Eingebundenheit „weiß", dass er jetzt geheilt ist, reparative Kräfte, die zu einer tatsächlichen Besserung führen (können) (Scharfetter 1985:91). Dabei sind jedoch nicht unbedingt die tatsächlichen Fähigkeiten des Heilers ausschlaggebend für eine erfolgreiche Behandlung, sondern die von dem Patienten auf ihn projizierten (Krippner 1993:97). Also kommt der persönlichen Qualität des Heilers, in unserem Falle also des Schamanen, nicht die Bedeutung zu, die ihm normalerweise beigemessen wird. Doch ist selbstverständlich die Projektion einer Heilsbefähigung seitens des Patienten auf den Schamanen zum großen Teil auch von seinen bisherigen Erfolgen abhängig. Allerdings spielt auch das Wissen, dass bei einer bestimmten Krankheit ein Schamane als Abstraktum, unbesehen seiner individuellen Fähigkeiten, helfen kann, eine nicht zu unterschätzende Rolle (Krippner 1993:96).

Da jedoch nicht alle Krankheiten gleich gut auf eine psychische Behandlung ansprechen, müssten sich bei Richtigkeit des postulierten Behandlungswegs abweichende Behandlungserfolge in Abhängigkeit von der Art der behandelten Krankheit zeigen. In einer Zusammenstellung von Berichten über Heilungen und die Art der geheilten Krankheiten kommt Scharfetter zu dem Ergebnis, dass Schamanen besonders gut diejenigen Krankheiten heilen können, die spezifisch für die entsprechende Kultur sind. Bei Krankheiten, etwa dem südamerikanischen *susto*, dem Seelenverlust als Folge eines Schrecks, oder bestimmten in Indien auftretenden Formen von Besessenheit, liegen die Heilungserfolge von Schamanen deutlich über denen der westlichen Medizin. Dies liegt besonders darin begründet, dass diese Krankheiten keine direkte Entsprechung in der westlichen Medizin haben, während in den betreffenden Kulturen genaue Modelle der Krankheit vorliegen, denen folgend dann auch die Behandlung vorgenommen wird (Scharfetter 1985:92). Diesem Umstand entsprechend ist auch die Auswahl der Krankheiten, die der Schamane als heilbar erkennt und behandelt. Es sind nur solche Fälle, in denen Suggestion, Hypnose oder Überzeugung zu Resultaten führen können (Shirokogoroff 1935:359).

Ernsthafte psychische und somatische Erkrankungen vermögen Schamanen dagegen nur ungenügend oder überhaupt nicht zu heilen bzw. zu beeinflussen. Zwar fühlt sich ein Teil der Behandelten nachher subjektiv besser, die eigentlichen Symptome persistieren jedoch weiter und werden auch von den Betroffenen weiterhin berichtet (Scharfetter 1985:92-93).

Für die Behandlung eines Kranken und das Eingehen auf seine persönliche Krankengeschichte ist unbestreitbar eine gewisse Sensibilität seitens des Schamanen Voraussetzung, die entgegen der Kritik besonders im Verlauf der Schizophrenie auftreten kann. Bei Störungen der Abgrenzung des Ich gegenüber der Umwelt unterscheidet der Betroffenen nicht mehr zwischen dem, was er außen beobachtet, und dem, was er selbst erlebt. Somit glaubt er etwa Schmerzen, die er bei anderen wahrnimmt, selbst zu erleben. In positiven Fällen kann sich diese gestörte Abgrenzung auch in einer gesteigerten Sensibilität äußern, verbunden mit dem subjektiven Eindruck, hellseherische Fähigkeiten zu besitzen und diese auf magische Weise zur Beeinflussung anderer Menschen und Dinge, allgemeiner der Zukunft, nutzen zu können. (Scharfetter 1986:50)

Die nötigen Grundlagen für eine psychische Behandlung, wie sie oben beschrieben wurden, sind also bei Schizophrenen durchaus anzutreffen, wobei die damit häufig verbundenen (Wahn-)Vorstellungen des nahezu Allmächtig-Seins in schamanistischen Kulturen unterstützt wird und damit die Qualität als Wahn verliert.

4.5.3.2 Gedankenlesen

Schamanen sollen Gedanken lesen können und benutzen diese Fähigkeit häufig, um verlorene bzw. gestohlene Gegenstände wiederzufinden (Eliade 1957:179; Basilow 1995:57).

Die besondere Empfindsamkeit mancher Stimmenhörer, wie speziell bei den als Medien arbeitenden*, kann viele ungewöhnlich erscheinende „seherische“ Fähigkeiten von Schamanen erklären, auch wenn diese Empfindsamkeit an sich noch nicht restlos erklärbar ist. Scharfetter beschreibt auch, dass als Folge der Störung der Abgrenzung des eigenen Ichs gegen die Umwelt die betroffenen Menschen oft mit einer extremen Sensibilität ausgestattet sind. Diese gesteigerte Sensibilität äußert sich etwa in einem feinen Gespür für die Atmosphäre, Gedanken-*Lesen*, im Sinne von *Erkennen*, was ein anderer denkt, und einer fast hellseherischen, intuitiven Begabung (Scharfetter 1986:50). In einem konkreten Fall schildert eine Psychologin, dass während einer Therapiesitzung ein Patient plötzlich berichtete, er höre ihn beschimpfende Stimmen. Die Worte, die dieser hörte, deckten sich mit Beschimpfungen, die die Therapeutin in Gedanken gegen eine andere Person, über die sie verärgert war, aussprach. Solche Vorfälle wurden ihr in der Folge auch von anderen Psychotherapeuten bekannt und scheinen keine Einzelfälle zu sein (de Bruijn 1997:39-40). Allgemein verfügen an Psychosen Erkrankte häufig über die unheimlich anmutende Begabung, „tief in die Herzen der Menschen zu sehen, mit denen sie zusammen sind“. Diese Fähigkeit führt nicht selten zu Komplikationen in der Therapie (Goldblatt 1995b:228)**.

Letztendlich lässt sich nicht eindeutig feststellen, ob es sich bei diesen Vorfällen psychotischer Menschen tatsächlich um Gedankenlesen oder nur um ein äußerst feines Gespür für den Gegenüber und dessen psychischen Zustand handelt. Unbekannt ist dieses Phänomen besonders im Bereich des Stimmen-Hörens jedoch nicht.

Allerdings gibt es zu Schamanen praktisch keine Untersuchungen über das tatsächliche Eintreffen ihrer Vorhersagen und über ihre wirkliche Gedankenlesefähigkeit. Die vorliegenden Berichte sind von den Untersuchern ungeprüft nach Erzählungen aufgenommen worden (Basilow 1995:57).

---

* siehe dazu Kapitel 3.3.1

** siehe Kapitel 2.3

4.5.3.3 Unverletzbarkeit

Häufig wird von Schamanen berichtet, die ohne Verletzungen über glühende Kohlen laufen, diese in der Hand halten oder gar verschlucken können (Shirokogoroff 1935:353; Eliade 1957:438-439; Smoljak 1998:59), oder die sich mit einem Messer durchbohren können, ohne ernsthaften Schaden zu nehmen (etwa Menges 1983:69-70).

Problematisch ist an diesen Berichten jedoch, dass Forscher wie Shirokogoroff von den untersuchten Gruppen Erzählungen darüber hörten, ohne auch nur einmal eine solche Situation selbst miterleben zu können (1935:364). Es kann sich damit bei diesen phantastisch anmutenden Fähigkeiten von Schamanen, Verletzungen und große Hitze unbeschadet überstehen zu können, auch lediglich um mythische „Heldensagen" handeln. Eliade nimmt als Erklärung für das nicht mehr Vorhandensein dieser Erscheinungen den Niedergang des Schamanismus im Allgemeinen an und glaubt, dass es in älteren Zeiten durchaus Schamanen gab, die zu all dem fähig waren (Eliade 1957:246). Eine andere von Eliade angebotene Interpretation der Beziehung Schamane – Feuer führt auf einer eher symbolisch-magischen Ebene zu der Vermutung, dass der Schamane auf diesem Weg seine Macht symbolisiert. Damit komme diesen Erzählungen kein wörtlich zu nehmender Wahrheitsgehalt zu, sondern lediglich eine mythische Bedeutung (Eliade 1957:438-439).

Selbst wenn man diese berichteten Fähigkeiten von Schamanen nicht dem mythischen Bereich zuordnen will, so sind sie zwar physikalisch nicht völlig erklärbar, doch gibt es auch in unserer Kultur zahlreiche Kurse, bei denen man die Fähigkeit des Feuerlaufens scheinbar ohne besondere Begabung erlernen kann.

Auch Smoljak hörte bei den Nanaien und Ultschen alte Menschen über Schamanen reden, die glühende Kohlen schlucken konnten und sich die Brust mit Messern durchbohrten. Sie bezeichnet diese Schamanen jedoch als „Trickster", also geschickte Schauspieler, die lediglich den entsprechenden Eindruck hervorrufen wollen (Smoljak 1998:59). Basilow ordnet ältere Erzählungen, nach denen sich Schamanen bei den Kasachen während der Séance mit dem Messer stechen und sogar durchbohren, als Folgen von geschickten Tricks und Täuschungen ein, denen auch die damaligen Beobachter unterlagen. Genauere Beobachtungen zeigen, dass es sich lediglich um symbolische Handlungen handelt, die ein Durchbohren des Patienten und des Schamanen zum Vertreiben der Geister suggerieren sollen (Basilow 1995:87). In eine ähnliche

Richtung weist ein Bericht von einem korjakischen Schamanen, der während einer Séance von den Geistern den Auftrag bekommt, sich den Bauch aufzuschlitzen und sich dazu ein Messer geben lässt, ohne jedoch die geforderte Handlung tatsächlich durchzuführen (Eliade 1957:241). Dabei kann der Hinweis Eliades darauf, dass man sich von alten Schamanen erzähle, die diese Fähigkeit gehabt hätten, und die Tatsache, dass gegenwärtige Schamanen dazu nicht mehr in der Lage seien, sei lediglich auf den Niedergang des Schamanismus in der betreffenden Gegend zurückzuführen, nicht wirklich überzeugen.

Einem Schamanen, der glühende Kohlen „liebte", wurden dieselben wahrend der Séance in einer Tasse Wasser, also gelöscht (!), gereicht, die dieser auch gleich mit dem Wasser trank, bzw. aß (Menges 1983:67).

Für eine tatsächliche Fähigkeit des Schamanen, glühende Kohlen zu ertragen, oder unverwundbar gegenüber Messerstichen zu sein, gibt es keine über das normale Maß hinausreichende Beobachtungen. Es handelt sich damit wohl entweder um eher mythische Erzählungen oder geschickt vorgetragene Tricks.

4.5.3.4 Fliegen etc.

Bei näherer Betrachtung der zugänglichen Berichte über weitere Fähigkeiten des Schamanen, wie dem Fliegen, lässt sich feststellen, dass die Zuschauer zwar davon berichten, gleichzeitig aber aus den Rahmenbedingungen ersichtlich ist, dass die Möglichkeit einer tatsächlichen Beobachtung nicht bestand. Meistens ereignet sich das angebliche Geschehen in völliger Dunkelheit, und es ist zu den beobachtbaren Zeitpunkten vor und nach dem Geschehen keinen Veränderung feststellbar (Haase [1991]:18), oder es geschieht außerhalb des Blickfeldes der Zuschauer.

Weitere Beeinflussungen der Zuschauer durch Suggestion sind nicht ausgeschlossen.

Ebenfalls darf nicht die schauspielerische Begabung des Schamanen außer Acht gelassen werden, wobei die Zuschauer sich häufig der Tatsache bewusst sind, dass der Schamane sich verschiedener „Tricks" bedient (Haase [1991]:18). Ähnlich äußert sich Smoljak, womit für das Fliegen wohl Entsprechendes gilt, wie im vorhergehenden Kapitel gesagt wurde (Smoljak 1998:59).

In einem konkreten Fall gelang es dem Beobachter festzustellen, wie der Schamane während der Séance aus dem Rauchloch des Zeltes flog. Dieser Schamane benutzte seine

Trommel quasi als Sprungtuch, befreite sich während des Springens von einem Lasso, mit dem er angebunden war, und schwang sich aus dem Zelt, dessen Stangen extra zu diesem Zweck einen größeren Abstand aufwiesen (Menges 1983:78-79). Die älteren Leute seines Dorfes erklärten dieses „Fliegen" mit der Einwirkung der Geister, während die „Jugend" den Schamanen einfach für einen guten Sportler hielt (80).

Ein anderer Schamane „flog", indem er, mit einem Lasso an der mittleren Stange des Zeltes festgebunden, um diese herumlief und die entstehende Fliehkraft nutzte, um für kürzere Augenblicke von dem Seil gehalten, mit den Füßen den Boden verließ (Menges 1983:70).

Insgesamt bedeutet dies also, dass das Fliegen entweder den Beobachtern suggeriert oder mit akrobatischen Tricks vorgetäuscht wird.

4.6 Veränderter Bewusstseinszustand

Fasst man die Erzählungen von Schamanen in ihrer Art als tatsächlich Erlebtes auf und stellt sie nicht nur als kulturell geprägte Berichte im Sinne der Rollenerwartung oder als direktes Ergebnis mythischer Traditionen dar, so stellt sich die Frage nach der Qualität des Erlebten und womit es sich vergleichen lässt (Nordland 1967:166-167).

Da dieses spezielle Erleben des Schamanen während einer Séance in der Regel auf ihn selbst beschränkt zu sein scheint, kann man den Zustand, in dem dieser sich während der Erlebnisse befindet, als einen veränderten Bewusstseinszustand bezeichnen. Noll verwendet aus diesem Grund den Begriff des *Shamanic Altered State of Consciousness*. Seiner Ansicht nach ist dieser Zustand von anderen veränderten Bewusstseinszuständen zu unterscheiden (Noll 1983:443-444). Es ist jedoch fraglich, ob dieser Terminus nicht nur die herausragende Stellung des Schamanen untermauern soll, und ob dieser Zustand nicht doch Entsprechungen in bekannten veränderten Bewusstseinszuständen findet. Die Problematik dieses Begriffs liegt auch schon darin, dass viele veränderte Bewusstseinszustände, etwa Träume, in ihrem Gehalt schamanisch sein können und sich auch in anderen kulturellen Situationen „schamanische" Zustände finden lassen. Damit ist also ein schamanisch veränderter Bewusstseinszustand als isolierbares Phänomen nicht existent (Siikala 1985:455). Zusätzlich erschwert wird die Untersuchung des Bewusstseinszustandes eines Schamanen dadurch, dass das Material über tatsächliche ekstatische Zustände im Verlauf einer Séance unerwartet spärlich ist.

Untersucht werden im Folgenden mit der Trance verbundene Veränderungen sowie Wirkungen von psychotropen Substanzen und schließlich Bewusstseinsveränderungen, wie sie bei Psychosen auftreten.

4.6.1 Trance

Unter Trance versteht man einen psychischen Ausnahmezustand, der gekennzeichnet ist durch eine Aufgabe der Realitätsprüfung und ein eingeengtes Bewusstsein. In diesem Zustand können Menschen zu Leistungen psychischer und physischer Art imstande sein, die sie unter normalem Bedingungen nicht vollbringen könnten. Erreichen lässt sich dieser Zustand auf verschiedenen Wegen, wobei selektive Konzentration und monoton-rhythmische Stimulierungen, körperliche Erschöpfung und Ausnahmezustände sowie emotionale Anspannung, neben Erwartungshaltungen, von zentraler Bedeutung sind (Schmidbauer 1997:2343).

Da akustische Methoden, wie monotones Trommeln oder Singen bei schamanischen Séancen am häufigsten berichtet werden, werden diese im Folgenden näher betrachtet. Allerdings bleibt auch hier wieder kritisch anzumerken, dass selbst Eliade in den ihm vorliegenden Berichten nur selten „echte“ Trancezustände identifizieren kann. Lediglich die großen „alten“ Schamanen hätten seiner Meinung nach regelmäßig echte Trance-erlebnisse herbeigeführt, aber mit dem Niedergang des Schamanismus seien gespielte Pseudotrancen an deren Stelle getreten (Eliade 1957:245-246). Ebenso konnte Shirokogoroff bei den Tungusen beobachten, dass erfahrene, schon länger praktizierende Schamanen häufiger Séancen ohne tatsächliche Trancezustände durchführten (1935:366).

Maurer et al. (1997) stellen in einer Studie fest, dass über 30 % der Probanden einer Testgruppe nach 15 Minuten anhaltenden monotonen Trommelns über Wahrnehmungen während der so induzierten Trance berichten, die die Untersucher dazu veranlassten, diese Gruppe als *shamanic type-of-experience group* zu bezeichnen. Diese Wahr-nehmungen, die spontan ohne vorherige richtungsweisende Anweisungen auftraten, beinhalten unter anderem das Gefühl den Körper zu verlassen, sich in ein Tier zu verwandeln und sich in einem Tunnel zu befinden (Maurer et al. 1997:139-140). Die Spontaneität der Wahrnehmungen ist insofern von besonderer Bedeutung, als das

Auftreten solcher Erscheinungen in einem gelenkten Kontext nicht verwundern würde und mit reiner Suggestion erklärt werden könnte. Mit dieser Untersuchung lässt sich jedoch weiterführend eine gewisse Universalität dieser Erlebnisqualität nachweisen. Dieser Erwartung gemäß findet sich bei einer Auswertung von Experimenten zu schamanischen Erlebnissen unter Trance bei 50 % der Berichten eine völlige Übereinstimmung zwischen den erwarteten und den tatsächlich erlebten Inhalten. Dieser Wert ist mit Sicherheit noch nach oben zu korrigieren, da eine genaue Wertbestimmung bei der anderen Hälfte lediglich aufgrund unzureichend genauer Daten nicht möglich war (Houran, Lange & Crist-Houran 1997:62-63)*.

Eine allgemeine Übersicht zu den eher wenigen Untersuchungen zu rhythmischen Stimulationen, meist optischer Art durch Lichtblitze oder akustischer durch Trommeln, zeigt, dass sie häufig zu nicht näher bestimmten Halluzinationen führen. Auch Langstreckenläufer schildern ihre Erlebnisse während extrem langer Strecken von bis zu 100 km mit religiös anmutenden Begriffen oder als Trance, rauschartigen Zustand oder mystisches Erlebnis (Dittrich 1996:73-75).

Phänomenologisch unterscheiden sich diese Erfahrungen nicht von denen, die Schamanen während der Séance zu machen scheinen. Der Schamane verlässt dabei seinen Körper und geht in Form seiner Seele auf Reisen in andere Weltenschichten, er verwandelt sich in ein Tier und fliegt davon, er begibt sich in die Unterwelt (Eliade 1957:15). Entsprechend sieht auch schon Nordland in Trancezuständen das Analogon zu schamanischem Erleben (Nordland 1967:167).

4.6.2 Psychotrope Substanzen

Schamanismus wird häufig assoziiert mit dem Gebrauch verschiedener psychotroper Substanzen, die sich über ihre Wirkung auf die Psyche definieren, das heißt sie beeinflussen psychische Prozesse. Der Gebrauch der verschiedensten derartigen Substanzen ist bei vielen schamanistischen Kulturen weltweit, besonders in den beiden Amerikas, belegt (Furst 1990; Harner 1973), wobei Eliade diese Form der Erreichung ekstatischer Zustände einem degenerierten Schamanismus zuschreibt. Andere Formen, wie verschiedenartige Deprivationen und monotone Rhythmen, die eine Trance induzieren, sieht er als die ursprünglichere Art und Weise an, die angestrebten

* Die Studie basiert auf den Daten von Michael J. Harner, The way of the shaman. 3rd ed. New York: Harper & Row, 1990.

ekstatischen Zustände zu erreichen (Eliade 1957:440-441). Die häufige Verwendung psychotroper Substanzen im Zusammenhang mit schamanischen Praktiken macht eine genauere Untersuchung der durch sie hervorgerufenen Bewusstseinsveränderungen nötig, insbesondere da die eher symbolische Erklärung für ihre Nutzung, durch die bewirkte „Erhitzung" des Körpers und die Ähnlichkeit der „Vergiftung" mit dem Tod (Eliade 1957:440), nicht als Begründung ihrer Verwendung zufriedenstellen kann.

Von besonderer Bedeutung sind in dieser Arbeit die Halluzinogene, die sich am ehesten dadurch auszeichnen, dass sie zu veränderten Wachbewusstseinszuständen ohne größere körperliche Begleiterscheinungen führen. Die bekanntesten und am besten untersuchten Vertreter dieser Gruppe sind Lysergsäurediäthylamid (LSD), Meskalin, Psilocybin und Tetrahydrocannabinol (THC, Haschisch). Diese entsprechen den Halluzinogenen I. Ordnung von Dittrich, wobei eine Definition dieser Kürze nicht erschöpfend sein kann, jedoch grundsätzlich weiterhilft (Dittrich 1996:9-11).

Zu den Halluzinogenen II. Ordnung gehören neben anderen, die hier nicht von Bedeutung sind, Muscimol und Ibotensäure, die beiden wichtigsten halluzinogenen Substanzen des Fliegenpilzes (*Amanita muscaria*) (Dittrich 1996:34). Von den Halluzinogenen I. Ordnung unterscheiden sie sich dadurch, dass sie „seltener strukturierte optisch-halluzinatorische Phänomene hervorrufen" und häufiger, neben rein bewusstseinsverändernder Wirkung, das Bewusstsein trüben und zu Erinnerungsstörungen führen (Dittrich 1996:10-11).

Das in Tabak enthaltene Nikotin wird aus pharmakologischer Sicht nicht zu den Halluzinogenen gerechnet (Wilbert 1990:55), da seine Wirkung hauptsächlich auf den Kreislauf beschränkt zu sein scheint. Es werden allerdings auch lebhafte Träume in Anschluss an die Verabreichung einer hohen Nikotindosis berichtet (Schulz 1956:249).

Beginnend mit Nikotin, werden nun zuerst die im nordasiatischen Raum bekannterweise verwendeten psychotropen Substanzen näher betrachtet. Den Schluss bilden damit die Halluzinogene I. Ordnung, über deren Nutzung in Sibirien jedoch nichts berichtet wird. Die Besprechung der einzelnen Substanzen erfolgt damit in umgekehrter Reihenfolge zu ihrer eingangs dieses Kapitels gegebenen Einordnung.

Die Verwendung von Tabak stellt eine relativ neue Erscheinung in der Geschichte Nordasiens dar, da diese Pflanze dort wohl auch erst nach der „Entdeckung“ Amerikas 1492 bekannt geworden sein dürfte. Über die bewusstseinsverändernde Wirkung lässt sich dem bereits Gesagten nicht mehr viel hinzufügen, da spezielle Untersuchungen hierzu nicht vorliegen. Allerdings ist aus dem exzessiven Gebrauch von Tabak auch bei schamanischen Ritualen in Südamerika zu schließen, dass sich der Tabakkonsum zumindest funktionell mit schamanischen Ritualen verbinden lässt. Da jedoch in den beschriebenen Gebieten Tabak häufig vermischt mit anderen psychotropen Substanzen, etwa *Datura*-Spezies oder *Banisteriopsis caapi*, oder in Verbindung mit extremer körperlicher Deprivation eingenommen wird (Wilbert 1990:56-57), ist eine Isolation der alleinigen Wirkung des Tabaks ohne weitere Untersuchungen praktisch unmöglich.

Die Nutzung des Fliegenpilzes im Rahmen religiöser Praktiken scheint dagegen in ganz Asien über eine lange Tradition zu verfügen (Wasson 1990). Er wird entsprechend in Sibirien bei schamanischen Séancen verwendet, wobei selbst Eliade als „Drogengegner“ eingesteht, dass auch eine „Pilzvergiftung“ einen ekstatischen Kontakt mit den Geistern herbeiführen kann (1957:213 u. 215). Allgemein ist als Folge einer Fliegenpilzvergiftung, neben verschiedenen körperlichen Symptomen, wie einer schließlich reduzierten Kreislauffunktion, verbunden mit blass oder blau anlaufenden Extremitäten, häufig eine „Ausbildung ausgesprochen ekstatischer Zustände“ zu beobachten, sowie „allerlei Sehstörungen“ und „Ohrensausen“ (Schulz 1956:40-41).

Somit sind also die bekannten Folgen einer Fliegenpilzvergiftung in ihrer Phänomenologie schon schamanischen Erlebnissen entsprechend, wobei die beschriebenen Störungen der Sinnesorgane bei entsprechender sinngebender Modulation schnell die Qualität von Halluzinationen erreichen können. Zusätzlich ist durch die tatsächliche Verwendung von Fliegenpilzen in schamanischen Séancen *per se* schon ihre grundsätzlich qualitative Entsprechung mit schamanischem Erleben evident, unabhängig ihrer Wertung seitens Eliade als spätes degenerationsbedingtes Verfahren.

Die psychische Wirkung der hier zur Diskussion stehenden Halluzinogene I. Ordnung, also LSD, Meskalin, Psilocybin und THC ist derart ähnlich (Kleinman, Gillin & Wyatt 1977:564-565), dass sie zusammen erläutert werden können. Lediglich hinsichtlich Dosierung, Wirkungsbeginn und -dauer sind, zum Teil zusätzlich abhängig von der Verabreichungsart, mehr oder weniger deutliche Unterschiede zu erkennen (Dittrich 1996:29-31). Die Auszüge der Wirkungsbeschreibungen im Folgenden sind Dittrich (1996:31-32) entnommen. Der gesamte Text findet sich der Vollständigkeit halber im Anhang.

> Triviale Dinge des Alltags erhalten eine Frische und Ausstrahlungskraft, als würden sie zum ersten Male gesehen. Sie sind aus dem üblichen Kontext [...] herausgelöst und so von ungewohnter Bedeutung [...]. Es kommt zu einer kaleidoskopartigen Vielfalt sich bewegender, optischer Erscheinungen. [...] Diese strukturieren sich oft zu phantastischen Landschaften, zu Fratzen und Masken, zu „übernatürlichen“ Wesen und zu Bildern aus dem Weltall. [...] Auch werden an im normalen Wachbewußtsein weißen, strukturlosen Wänden optische Erscheinungen gesehen. [...] Der Körper ist besonders schwer oder leicht, wobei dies oft mit „Schweben“ oder „Fliegen“ einhergeht. Manchmal zerfließt der Körper [...], und man wird schließlich körperlos. [...] Die Auflösung der Ich-Grenzen wird manchmal zu einem mystischen Einswerden mit dem Kosmos. Feierlichkeit und außerordentliche Glücksgefühle herrschen vor, oft begleitet von einer Erleuchtung, in der alles evident ist. [...] In diese Verschmelzung werden gelegentlich auch andere Personen einbezogen, mit denen man nonverbal und manchmal sogar telepathisch besser als verbal zu kommunizieren scheint. [...] Das ganze Erleben hat trotz klarem Bewußtsein oft die Qualität des Traumhaften. Die Wirkung der Halluzinogene I. Ordnung klingt meist wellenförmig aus. Es kommt dann zu einem Hin- und Herschwanken zwischen der Welt des normalen Wachbewußtseins und der des VWB [veränderten Wachbewusstseins].

Auch wenn die Beschreibung dieser Zustände durch ein Fehlen adäquater Begriffe in der westlichen Kultur einen eher psychiatrischen Charakter bekommt (Dittrich 1996:31), ist eine Analogie zu schamanischem Erleben leicht erkennbar. Dies kann auch, vor der eingangs erwähnten Tatsache der häufigen Verwendung dieser oder entsprechender Substanzen in schamanistischen Kulturen weltweit (Furst 1990; Harner 1973), nicht verwundern, und ist allein aufgrund dieses Befundes schon evident.

Entsprechend vergleichen Versuchspersonen ihre Erlebnisse unter einer durch Lichtblitze ausgelösten Trance mit ihren „vorherigen Erfahrungen unter verschiedenen Halluzinogenen“ (Dittrich 1996:73) oder erleben nach Einnahme von Psilocybin Bewusstseinsveränderungen, die sie mit vorher gemachten Erfahrungen mystisch religiöser Erscheinungen gleichsetzten (Snyder 1988:187-188).

Zusammenfassend können also verschiedene Halluzinogene zu Erlebnissen führen, die eindeutig mit denen während einer religiösen Trance übereinstimmen, wobei die persönliche Deutung, ob religiös oder einfach bewusstseinserweiternd, von den individuellen Erwartungen, sowie der Stimulation des Umfeldes abhängt.

4.6.3 Psychotische Zustände

Nach dem DSM-III-R fällt unter die für die Diagnose der Schizophrenie auszuschließenden organischen Faktoren (DSM-III-R:243) auch die Organisch Bedingte Halluzinose (DSM-III-R:149). Deren Ursachen können verschiedene sein, unter anderen der Konsum von Halluzinogenen und Alkohol sowie auch sensorische Deprivationen (DSM-III-R:150). Bei beiden Störungen wird die jeweils andere zur Differentialdiagnose herangezogen, das heißt die jeweils andere muss ausgeschlossen werden, da sie phänomenologisch nicht zu unterscheiden sind. Dies führt auch dazu, dass manchmal Patienten mit der Diagnose Schizophrenie belegt werden, bis sich ein vorangegangener Drogenmissbrauch herausstellt (Snyder 1988:144).

In der Beschreibung der Wirkung von Halluzinogenen I. Ordnung nach Dittrich (1996:31-32), die sich vollständig im Anhang findet, tauchen dann auch Empfindungen auf, wie sie für Psychosen beschrieben werden.

> Triviale Dinge des Alltags [...] sind aus dem üblichen Kontext [...] herausgelöst und so von ungewohnter Bedeutung. [...] Manchmal treten auch Synästhesien auf, d. h. Töne setzen sich in optische Erscheinungen um [...], Handbewegungen erzeugen Farben und Geräusche. [...] Das Körperschema ist verändert. Man ist riesengroß oder zwergenhaft, einzelne Glieder sind fremd und abgelöst vom übrigen Körper oder in den Proportionen verändert. [...] Manchmal zerfließt der Körper [...]. Die willkürliche motorische Koordination fällt unter diesen Umständen schwer; Bewegungen bleiben im Ansatz stecken [...]. Die Sprache des normalen Wachbewußtseins ist verändert: Wörter haben eine andere Bedeutung; eigentümliche linguistische Nuancen werden erlebt. Geschwindigkeit und Inhalt des Denkens machen wesentliche Wandlungen durch. Oft stürzen so viele Gedanken auf einen ein, daß man fortwährend vergißt, was man gerade sagen wollte. Es fluten vielfältige Gedankenbruchstücke ineinander. Andererseits bleibt man manchmal an einem Gedanken hängen und kommt von ihm nicht los. Der Gedankengang ist sprunghaft, wenig zusammenhängend. [...] Ängste treten auf, daß der Zustand nie wieder vorbeigehen wird, die übliche Selbstkontrolle für immer verloren ist und man geisteskrank wird. [...] Mit der Angst vor dem Verlust der Selbstkontrolle kann die Umgebung verunsichernd wirken. Man fühlt sich von anderen ausgelacht, hypnotisiert, gesteuert und bedroht.

Die Ähnlichkeit des Erlebens während einer Psychose mit dem nach der Einnahme bestimmter Halluzinogene hat schon relativ früh die Frage aufgeworfen, ob diese Substanzen eine künstlich erzeugte Psychose hervorrufen. Entsprechend werden in diesem Zusammenhang Halluzinogene auch als Psychotomimetika bezeichnet, also Substanzen, die Psychosen simulieren. Der folgende Abriss der Forschungsgeschichte zu diesem Thema folgt der Zusammenfassung von Fischman (1983). Gegen die These der so genannten Modellpsychosen regte sich jedoch schnell Widerstand, und tatsächlich ließen sich deutliche Unterschiede zwischen den Erlebnissen nach Einnahme von Halluzinogenen und den meist zum Vergleich herangezogenen Berichten chronisch Schizophrener nachweisen. Doch gerade diese Gruppe mit ihrer langen Krankheitsgeschichte ist für einen Vergleich mit den eher kurzen Erfahrungen nach einer Halluzinogeneinnahme ungeeignet. Nachfolgende Untersuchungen, die diesem Umstand Rechnung trugen, kamen dann auch wieder zu positiven Korrelationen. Einerseits stellte sich die große Ähnlichkeit, zum Teil auch Ununterscheidbarkeit, zwischen dem Erleben akut Schizophrener und dem nach Halluzinogenkonsum heraus, während auf der anderen Seite das eher negativ gefärbte Erleben chronisch Kranker seine Entsprechung in den Erfahrungen von Menschen, die über längere Zeiträume hinweg Halluzinogene konsumierten, fand. Die üblicherweise mit einer bewussten Einnahme von Halluzinogenen verbundene positive Erwartungshaltung darf in ihren Einflüssen auf das folgende Erleben auch nicht unterschätzt werden und wird es somit in eher positive Bahnen lenken. Dagegen wird ein Schizophrener ohne Vorbereitung und Erwartungen unvermittelt mit psychotischen Symptomen konfrontiert, wodurch eine angstauslösende Wirkung meist vorherbestimmt ist. Allerdings finden sich auch in den Anfängen der Psychose Berichte, die ähnlich euphorisch gefärbt sind, wie vergleichbare Erfahrungen mit Halluzinogenen. Umgekehrt kann eine unbewusste Einnahme dieser Substanzen zu angstgezeichneten, paranoid-wahnhaften Erlebnissen führen, wie sie auch für Psychosen kennzeichnend sind (Fischman:73-77).

Zum Widerspruch wird häufig die Beobachtung angeführt, dass die Qualität der von Halluzinogenen und Psychosen hervorgerufenen Halluzinationen unterschiedlich sei, bei ersteren dominieren visuelle, im anderen Fall akustische. Diese Ergebnisse halten in dieser Form nicht unbedingt einer Überprüfung stand (Fischman 1983:74-75). Doch auch wenn bei Schizophrenen ein Vorherrschen von akustischen Halluzinationen zu beobachten ist (DSM-III-R), so bleibt zu beachten, dass die untersuchten Schizophrenen alle aus westlichen Kulturen stammen. Die Art von Halluzinationen wird jedoch durch die umgebende Kultur und ihre Präferenzen für verschiedene Wahrnehmungsbereiche mitgeprägt, wobei in nicht-westlichen Gesellschaften visuelle Halluzinationen überwiegen (Al-Issa 1978:169). Entsprechend führte die Untersuchung von Sartorius zu dem Ergebnis, dass in weniger industrialisierten Gebieten allgemein die Rate von Halluzinationen deutlich höher liegt als in industrialisierten. Der Unterschied ist bei visuellen Halluzinationen deutlich ausgeprägter, wobei die akustischen Halluzinationen jedoch immer noch überwiegen (Sartorius et al. 1986:920-921). Es kann also der Schizophrenie an sich keine Präferenz für eine bestimmte Art von Halluzinationen zugewiesen werden, vielmehr scheint die jeweils dominante Art stark von der Umwelt und eventuell auch dem Subjekt abhängig zu sein. Ein grundsätzliches Argument gegen die Entsprechungen von psychotischem Erleben und dem nach dem Konsum von Halluzinogenen lässt sich über die Qualität der Halluzinationen zumindest nicht ableiten.

Ein weiterer Hinweis auf die auch neurophysiologische Ähnlichkeit der Schizophrenie mit halluzinogeninduzierten veränderten Bewusstseinszuständen findet sich darin, dass zum Teil schon geringe Mengen bestimmter psychotroper Substanzen imstande sind, eine ruhende Schizophrenie wieder zu aktivieren (Snyder 1988:144). Andererseits wird für klinische Tests mit Halluzinogenen den Versuchsleitern der Ratschlag gegeben, stets die für die Bekämpfung akuter psychotischer Symptome verwendeten Psychopharmaka bereit zu halten (Dittrich 1996:33), da diese auch bei negativ empfundenen Folgen einer Halluzinogeneinnahme, so genannten *bad trips*, schnelle Wirkung zeigen (Snyder 1988:144).

Entsprechend den bisher angeführten Ergebnissen verschiedener Untersuchungen plädiert auch Dittrich für eine Wiederaufnahme der in der jüngeren Forschung weniger berücksichtigten Annahme, dass Halluzinogene als Modell für Psychosen dienen, und somit Beiträge zum Verständnis der neurophysiologischen Vorgänge etwa bei der Schizophrenie liefern können (Dittrich 1996:212-213).

In einer neueren Studie zur halluzinogeninduzierten Modellpsychose untersuchten Ciprian-Ollivier & Cetkovich-Bakmas die Ausscheidung des aktiven halluzinatorischen Bestandteils des bei südamerikanischen Schamanen eingesetzten *Ayahuasca*, das unter anderem aus der Rinde der Lianenart *Banisteriopsis caapi* hergestellt wird. Die untersuchte Substanz, mit einer ähnlichen Molekularstruktur wie Psilocybin, das

N,N-Dimetyltryptamin, ließ sich dabei sowohl im Urin der Versuchspersonen, die Ayahuasca zu sich genommen hatten, als auch im Urin nicht medikamentös behandelter Schizophrener nachweisen (1997:262). In vorangegangenen Untersuchungen der Urinausscheidung dieser und mit ihr verwandter Substanzen, aus der Gruppe der metylierten Indolalkylaminen, hatten sie einen statistisch signifikanten Zusammenhang zwischen der Menge der ausgeschiedenen Stoffe und der Schwere der psychotischen Symptome bei unbehandelten Schizophrenen feststellen können (1997:261). Diese Studie liefert damit auf molekularer Ebene eine Übereinstimmung zwischen Halluzinogenkonsum in schamanischen Kontexten und psychotischem Erleben.

Auch kann es während der Schizophrenie im Rahmen der Störung der Ich-Identität zu einem Identitätswandel kommen, der sich in manchen Fällen in Form einer Verwandlung in ein Tier zeigt. Der Betroffene glaubt, einen Tierkopf zu tragen oder sich gar ganz in ein Tier zu verwandeln (Scharfetter 1986:52-53). Ein Schizophrener beschreibt diese Erfahrung mit den Worten „ich habe mich wie ein Tier erlebt und gefühlt, z. B. wie eine Fledermaus, die in die Hölle fliegt“ (Scharfetter 1994:2).

Dieser Identitätswandel lässt sich parallelisieren zu der zum Teil von Schamanen während der Séance berichteten Verwandlung in ein bestimmtes Tier, wobei die geschilderte Reise des Schizophrenen sich mit der Unterweltsreise des Schamanen vergleichen lässt.

Manche Menschen empfinden während einer Psychose eine Bewusstseinserweiterung, so dass die Betreffenden berichten, plötzlich Texte verstehen zu können, die sie gar nicht kennen (Bock 1997a:199), oder während eines Gottesdienstes ohne genaue Kenntnis der Bibel doch aus ihr zitieren zu können (Bock 1997a:188).

4.6.4 Differenzierung der veränderten Bewusstseinszustände

Zusammengefasst bedeutet dies als Antwort auf die eingangs gestellte Frage nach der Notwendigkeit der Abgrenzung des schamanisch veränderten Bewusstseinszustandes zu anderen veränderten Bewusstseinszuständen, dass die Befunde eine solche Sonderstellung nicht rechtfertigen. Die angeführten Studien belegen, dass unter bestimmten Umständen praktisch jeder Mensch seinen Bewusstseinszustand verändern kann und in diesen Situationen zu Erlebnissen gelangen kann, die sich nicht von schamanischem Erleben unterscheiden (Nordland 1967:173-174).

Psychotische Zustände sind zum Teil neurophysiologisch und phänomenologisch nicht von den Folgen eines Halluzinogenkonsums zu unterscheiden. Auch kann es während einer Psychose zu phänomenologisch typisch schamanischem Erleben kommen. Zwar überwiegen bei der Schizophrenie häufiger negativ gefärbte Empfindungen und Symptome (Kleinman, Gillin & Wyatt 1977:583), doch finden sich dieselben Erlebnisse auch bei anderen veränderten Bewusstseinszuständen, unabhängig von der Art der Auslösung (Dittrich 1996:206-208). Dabei sind Erlebnisse, die in die von Dittrich als *Angstvolle Ichauflösung* bezeichnete Kategorie fallen (Dittrich 1996:207), nicht von stabilen Persönlichkeitsmerkmalen abhängig, sondern eher vom aktuellen psychischen Zustand der Person, das heißt sie können auch bei einem Menschen mit sonst überwiegend mystischen Erfahrungen auftreten (Lamparter & Dittrich 1996:40-42). Zusätzlich weisen die von Dittrich isolierten Items, die die veränderten Bewusstseinszustände, unabhängig von ihrer Auslösung durch Halluzinogene I. und II. Ordnung oder sensorischer Über- bzw. Unterstimulation, von dem normalen Bewusstseinszustand abgrenzen, eine hohe Korrelation mit typisch schizophrener Symptomatik auf. Unter den 72 isolierten Items fand sich kein Einziges, dass von allen 105 befragten Psychiatern als „nicht typisch für Schizophrenie" bewertet wurde (Dittrich 1996:129-130). Dies gilt insbesondere für die Items aus der Gruppe der Angstvollen Ichauflösung (Dittrich 1996:207).

Hier muss dann aber doch noch auf Walshs Behauptung eingegangen werden, wonach der Schamane seine Reise mit grundsätzlich positiven Erlebnissen abschließe (Walsh 1998:275). Aus welchen Quellen diese Informationen stammen, ist nicht völlig durchsichtig, doch scheint es sich eher um Erfahrungsberichte westlicher Menschen zu handeln, die entweder Halluzinogene einnahmen oder sich anders in Trance versetzten. Häufiger verweist Walsh in diesem Zusammenhang auf Furst (1990) und Harner (1973), die beide in diese Gruppe fallen. Dabei dürfen die beschriebenen vorherrschenden positiven Erfahrungen aufgrund einer entsprechenden Erwartungshaltung nicht verwundern, sind jedoch in ihrer Art weniger einem Schamanismus im Sinne dieser Arbeit zuzurechnen, sondern eher einem modernen Neo-Schamanismus. Dieser soll hier nicht näher thematisiert werden, unterscheidet sich insbesondere jedoch deutlich in dem zugrunde liegenden Weltbild.

Die Berichte von nordasiatischen Schamanen dagegen zeigen, dass diese auf ihren Reisen zu jedem Zeitpunkt potentiell bedroht sind, da die Geister keine durchweg freundlichen Begleiter darstellen, sondern eine für den Schamanen auch tödliche Gefahr darstellen können. Entsprechend kommt es zu Kämpfen mit ihnen (Wassiljewitsch 1963:383-391). Auch nach der Séance gibt es kaum Hinweise darauf, dass der Schamane seine Reise „staunend und mit Beglückung erleben" (Walsh 1998:275) durfte. Im Gegenteil bricht der Schamane während der Trance plötzlich bewusstlos zusammen (Menges 1993:41, 89-90), ist nach der „Reise" völlig erschöpft (Menges 1983:61) und berichtet von schweren und gefährlichen Aufgaben. Vor diesem Hintergrund kann eigentlich nur das unbeschadete Überleben einer solchen „Höllenfahrt" als beglückend erfahren werden. Die unmittelbaren Erlebnisse an sich, sofern tatsächlich erlebt, scheinen jedoch alles andere als positiv zu sein. Zumindest sind dem Autor keine derartigen Berichte von nordasiatischen Schamanen bekannt.

Damit ist eine grundsätzliche Abgrenzung dieser drei Zustände untereinander, und von einem hypothetischen schamanischen, nicht möglich.

4.6.5 Folgen der Undifferenzierbarkeit

Eliade benutzt als Grunddefinition für das Phänomen des Schamanismus die Gleichsetzung mit *Technik der Ekstase* (Eliade 1957:14), wobei er den Begriff nicht näher definiert. „Ekstase" bezeichnet jedoch einen psychischen Ausnahmezustand außerhalb des normalen Bewusstseins. Dieser Zustand kann einen Menschen spontan überkommen und zu einem religiösen Einheitsgefühl mit etwas Göttlichem führen, wobei dieser Zustand meist jedoch künstlich im Rahmen einer Trance oder durch die Einnahme von Drogen herbeigeführt wird. Bei Psychosen findet sich eine gesteigerte Neigung zu ekstatischem Erleben, und so werden auch „Geisteskrankheiten" zu den Ausdrucksformen der Ekstase gerechnet (Golzio 1988:113; Meyer Bd. 6:96). Insofern decken sich die möglichen Wege zu ekstatischem Erleben vollkommen mit den hier festgestellten Ähnlichkeiten der verschiedenen veränderten Bewusstseinszustände.

In einer Kultur, die Halluzinationen und Fehl-Wahrnehmungen als übersinnliche Wahrnehmungen zur Kommunikation mit Geistwesen verwendet und auf Menschen mit diesen besonderen Fähigkeiten angewiesen ist, muss eine Person besonders angesehen sein, die zu diesen außergewöhnlichen Wahrnehmungen imstande ist, ohne sich speziellen Vorkehrungen, wie diversen zeitintensiven Deprivationen oder der Einnahme toxischer halluzinogener Substanzen, unterziehen zu müssen. Diese Feststellung deckt sich prinzipiell mit der Behauptung Eliades, für die Erreichung der phänomenologisch nicht differenzierbaren Zustände sei die Nutzung von Halluzinogenen eine späte und gegenüber der rhytmischen Stimulation degenerative Erscheinung (Eliade 1957:440-441). Eine mögliche Entsprechung dieser Behauptung findet sich in der Beobachtung, dass die schamanische Berufung durch eine Initiationskrankheit nur bei denjenigen Gruppen vorkommt, die keinen intensiven Gebrauch von Halluzinogenen zur Erreichung der angestrebten Zustände machen (Wright 1995:54). Erweitert man dieses Szenarium um psychotisches Erleben, so muss dies unter dem Gesichtspunkt des kulturellen Aufwandes noch vor der rhytmischen Stimulation eingefügt werden. Halluzinogen-induziertes Erleben ist praktisch jedem ohne größeren Aufwand zugänglich, solches durch rhytmische Stimulation erfordert zum Teil größere Vorbereitungen, ist aber grundsätzlich für jeder erreichbar. Nur psychotisches Erleben unterliegt einer kaum kontrollierbaren Selektion, zum Ersten durch das eher seltene Auftreten einer solchen „Störung“, zum Zweiten durch die zuerst notwendige „Meisterung“ dieses Erlebens. Die herausragende Einzelposition des Schamanen lässt sich vor diesem Hintergrund nur mit seiner ursprünglichen Herkunft aus der psychotischen Erfahrung in Einklang bringen.

Dieses Zurückgreifen auf außersinnliche Erfahrungen, eventuell auch auf die solcher Menschen, die in unserer Kultur als „Irre“ bezeichnet werden, soll keine negative Bewertung beinhalten. Die Abkehr von der klassischen logischen Denkweise hin zu einer eher intuitiven, die sich in diesen Zuständen erreichen lässt, ist zur Lösung bestimmter komplexer Probleme häufig von Vorteil. Intuitives Kombinieren auf einer sub-logischen Ebene kann durchaus zu Problemlösungen führen, die mittels logischer Konstruktion, etwa aus Mangel an definitiven Werten, nicht oder nur bedeutend langsamer zu einem Ergebnis führen würden. Gerade bei Problemen, mit denen ein Schamane konfrontiert wird, etwa dem Auffinden des Aufenthaltsortes des Jagdwildes, kann dieser die für eine rational-logische Lösung notwendigen Daten kaum besitzen. Ein Rekurrieren auf eher diffuse Erfahrungen und Ahnungen ist in solchen Fällen einer Problemlösung eventuell förderlicher (Nordland 1967:176-178).

Auch soll hier noch einmal auf das bereits erwähnte (siehe Kapitel 4.5.2.1) nur in diesem a-logischen Zustand mögliche Abrufen von unbewusst erworbenen Sprachkenntnissen verwiesen werden (Shirokogoroff 1935:257).

4.7 Kontrollierbarkeit und Steuerung der veränderten Bewusstseinszustände

Schizophrene sind in der Regel nicht in der Lage, ihren Zustand bewusst zu steuern, das heißt sie können nicht nach Belieben etwa ihre Wahnvorstellungen ein- und ausblenden. Sie leben häufig gleichzeitig oder nebeneinander in zwei verschiedenen Welten, mit variierender Dominanz der einen oder der anderen. Aber es gibt, wenn auch selten, Patienten, die ganz nach Belieben zwischen ihren Welten, also der klassischen Realität und der schizophrenen „Schein-/Wahn-Welt“, wechseln können (E. Bleuler 1975:408).

Manche Schizophrene beschreiben nach einer erfolgreichen Behandlung, oder in Remission, ihre psychotischen Zustände als positive Erlebnisse (Wadeson & Carpenter 1976:315) und äußern den Wunsch, wieder „verrückt“ zu werden, da sie die psychotische Zeit „interessanter“ fanden (306). Diesem Wunsch nachgehend können manche Schizophrene im remittierten Zustand sich durch die Verwendung etwa von Haschisch gezielt für mehrere Stunden wieder in halluzinatorisches Erleben begeben (Scharfetter 1986:9-10). Parallel dazu schildert Goldblatt einen Fall, in dem eine ruhende Psychose eines Kriegsveteranen durch lang andauernde Gesangs- und Atemzeremonien der Sufi-Religion wieder zum Durchbruch kam (Goldblatt 1995a:330).

> Manche Psychoseerfahrene wissen genau, wie ein erneuter »Schub« auszulösen ist, und sie begründen, warum und wann sie ihn auslösen. Die willentliche Rückkehr mag dann irgendwann versperrt sein. Doch das Bild, die schizophrene Psychose überfalle den einzelnen ohne jede Einfluß- und Steuermöglichkeit [...] ist *so* sicher nicht aufrechtzuhalten! (Bock 1997a:330)

Gegen die oft behauptete These, der Schamane wäre ein Meister der Ekstase (Eliade 1957:38) und könne die von ihm erwünschten veränderten Bewusstseinszustände jederzeit beliebig erzeugen und kontrollieren, lassen sich einige Beobachtungen anführen.

So beschreibt Menges eine schamanische Sitzung, in deren Verlauf der Schamane wiederholt ohnmächtig zusammenbrach. Dies geschah jedesmal, wenn es in dem dazu angefachten Feuer zu einem lauten Knistern kam, und führte dazu, dass der Schamane erst von einem Helfer wieder ins Bewusstsein zurückgeholt werden musste (Menges 1993:41, 89-90). Es scheint also so, dass der Schamane nur solange Herr seines

Zustandes ist, wie in seiner Umgebung nichts Unvorhergesehenes und von ihm Unkontrollierbares geschieht. Dieses von äußeren Umständen abhängige Verlieren der Kontrolle über sich selbst steht aber im Widerspruch zu der eingangs genannten These.

Ebenso widerspricht Findeisen der Abgrenzung von Schamanen und Besessenen, wonach die Persönlichkeit des Schamanen zu keinem Zeitpunkt seines Kontaktes mit den Geistern in den Hintergrund gedrängt wird, wie dies bei Besessenen der Fall ist. Um den Gegenbeweis anzutreten, beschreibt er einen Fall, in dem ein junger burjatischer Schamane mehrmals täglich von Geistern heimgesucht wird und dabei jedesmal beginnt zu schreien, das Bewusstsein verliert, und nachdem er es mit Hilfe anderer wiedererlangt hat, solange tanzt, bis der Geist ihn wieder verlässt. Selbst der Vater des jungen Schamanen erkennt seinen Sohn in diesen Phasen nicht wieder (Findeisen 1960:193-194). Von einem Beibehalten der Persönlichkeit oder gar einem Beherrschen der Geister kann in diesem Fall also nicht ausgegangen werden.

Ebenso spricht gegen eine völlige Beherrschung der Ekstase der Umstand, dass bei drei von Menges beschriebenen Séancen der Schamane kurz vor Erreichen der Ekstase von Helfern mit einem Lasso angebunden wurde, damit er sich in diesem Zustand keine Verletzungen zuzog (Menges 1983:61, 69, 78).

Selbst bei den eigentlichen Hilfsgeistern der Schamanen sieht das Bild nicht wesentlich anders aus. Ihre Gunst muss sich der Schamane immer wieder mit Opfern erkaufen und Fehler dabei können laut der Bevölkerung dazu führen, dass etwa nahe stehende Verwandte des Schamanen durch diese Geister getötet werden (Findeisen 1960:196-198; mit weiteren Nachweisen). Die Tschuktschen glauben, nur ein Schamane, der sich seinen Geistern völlig unterwirft, stände unter ihrem Schutz. Ungehorsam diesen gegenüber könnten sie mit dem Tod des Schamanen bestrafen (Findeisen 1960:195). Ähnliches gilt für die Nanaien. Folgt dort der Schamane nicht der Anweisung seines Hilfsgeistes und schamanisiert, „droht er mit neuen Krankheiten und Tod“ (Smoljak 1998:129). Aus diesen Gründen, die aus der Angst vor den Geistern resultieren, und damit aus der Unfähigkeit, diese zu beherrschen, erklärten auch alle Schamanen, die Sandschejew bei den Burjaten traf, sie hätten dieses Amt nur äußerst ungern ergriffen (1927/28:977).

Auch kann die Übernahme eines neuen Hilfsgeistes seitens eines Schamanen zu einem erneuten Ausbrechen der Schamanenkrankheit führen, deren Ursache dann darin gesehen wird, dass der neue Geist für den Schamanen zu stark ist. Der Schamane kann also den neuen Geist und damit auch seinen Zustand nicht bewusst kontrollieren, so dass der Schamane zuerst wieder erkrankt (Smoljak 1998:82).

Die Feststellung, dass es bei den Ewenken Nordost-Chinas Séancen „auch einfach deshalb [gab], weil sich der Schamane (durch die Geister) im Moment dazu berufen fühlte“ (Heyne 1997:106), spricht ebenfalls für eine teilweise vorkommende Machtlosigkeit des Schamanen gegenüber den Geistern, das heißt den Zuständen, die sie hervorrufen. Entsprechendes formulierte schon Shirokogoroff, wenn er feststellte, dass Schamanen bei den Tungusen dann angeben schamanisieren zu *wollen*, wenn sie von den Geistern dazu gezwungen wurden, wobei Shirokogoroff in dem Zwang der Geister Unausgewogenheiten in der Psyche des Schamanen identifiziert (1935:369). Ob damit das ebenfalls von Shirokogoroff beobachtete sich grundlos in Ekstase Versetzen vieler Schamanen allein mit dem vermuteten angenehmen Zustand der Ekstase zu erklären ist (1935:365) oder ob die entsprechenden Schamanen sich eventuell nicht wirklich freiwillig, in dem Sinne wie Shirokogoroff den freien Willen der Schamanen auf die Geister zurückgeführt hat, in diesen Zustand begeben, ist nicht abschließend zu klären. Zusätzlich kann das bei den Nanaien und Ultschen beobachtete Abhalten von durch die Geister erzwungenen Séancen bei den betreffenden Schamanen wieder zu einem Durchbrechen der Symptome der Initiationskrankheit führen (Smoljak 1998:65).

Umgekehrt sind Schamanen auch nicht unbedingt in der Lage, bei Bedarf den gewünschten ekstatischen Zustand herbeizuführen. So gelang es einer Schamanin nur mit Mühe und langen Versuchen, den ekstatischen Zustand zu einer Séance herbeizuführen, der dann aber auch nicht die gewünschte Länge und Qualität erreichte (Shirokogoroff 1935:366). Auch Bogoras schildert eine Séance bei den Tschuktschen, in deren Verlauf der schamanisierende Schamane den Kontakt zu den Geistern verliert, das heißt sie antworten ihm nicht mehr. Ein anderer, ebenfalls anwesender Schamane nutzt die Gelegenheit, um die Séance weiter zu führen (Bogoras [1991]:50-51).

Zusammenfassend kann also nicht davon ausgegangen werden, dass Schamanen grundsätzlich ihre Geister beherrschen und Ort und Zeitpunkt des Einfahrens der Geister kontrollieren können.

Damit fällt ein regelmäßig gegen die These des Zusammenhangs von Schamanismus und Schizophrenie vorgebrachtes Argument, auch wenn dieses „Beherrscht-Werden“

durch die Geister selbstverständlich nicht allgemein im Schamanismus postuliert werden kann. Eine nicht vorhandene Kontrolle über den eigenen Zustand, wobei das Einfahren der Geister durchaus als Anfall beschrieben werden kann, macht aber einen Vergleich etwa mit der Schizophrenie grundsätzlich möglich.

Aber selbst eine begrenzte Kontrolle über das Hervorkommen der Geister durch den Schamanen lässt sich mit den beschriebenen Fällen von Stimmenhörern und unbehandelten Psychotikern in Einklang bringen, da diese es gelernt haben, eine zum Teil recht weitgehende Kontrolle über Zeitpunkt und/oder Inhalt ihrer „Visionen“ auszuüben. Zusätzlich sind Fälle beschrieben worden, in denen selbst Schizophrene im remittierten Zustand ihre Psychosen entweder durch Konsum von halluzinogenen Substanzen oder bestimmte Atemtechniken wiederbeleben können. Wenn sich aber diese veränderten Bewusstseinszustände durch den betreffenden Menschen zumindest in einer gewissen Weise kontrollieren lassen, so sollte es eine eher untergeordnete Rolle spielen, welche Art dieser Zustände der „Meister der Ekstase“ (Eliade 1957:15) zu kontrollieren vermag.

Das (halbwegs) kontrollierte Erscheinen der Geister während einer Séance lässt einen Vergleich zum Auftreten von Halluzinationen, besonders akustischer Art zu. Arieti hat herausgestellt, dass die Stimmen praktisch immer dann auftreten, wenn der Betroffene sie unbewusst erwartet (Arieti 1980:468). Dabei haben Schizophrene meist Angst vor diesen Situationen, und auch der Schamane steht seinen Geistern zumindest mit großem Respekt, wenn nicht sogar Angst gegenüber. Entsprechend begibt sich der Schamane in eine Séance mit der Erwartung, dass bald die Geister zu ihm reden werden.

Voraussetzung dafür ist jedoch, dass der Schamane tatsächlich Geister wahrnimmt und nicht nur entsprechend den an ihn gestellten Erwartungen von solchen Kontakten berichtet. Im weiteren Sinne gehört dazu auch eine vom Schamanen durchgeführte Seelenreise, in deren Verlauf er aber nie „entseelt“ und damit bewusstlos wird. Findeisen bezeichnet eine solche Handlung zu Recht als „Rekapitulation einer echten Seelenreise“ (1960:202), wobei diese sowohl zu einem früheren Zeitpunkt selbst erlebt, als auch lediglich aus mythischen Erzählungen übernommen sein kann. Für die Tungusen ergibt sich ein Bild, nach dem bei länger praktizierenden Schamanen die Tendenz zu beobachten ist, Séancen ohne tatsächliche Ekstase durchzuführen (Shirokogoroff

1935:366), ein Umstand, der entsprechend zu einer vollständigen Kontrolle des scheinbar ekstatischen Zustandes führt. Auch tritt bei vielen der von Eliade beispielhaft aufgeführten Séancen keine echte Trance auf, das heißt es handelt sich lediglich um schauspielerische Darbietungen (Eliade 1957: z. B. 195, 198, 211-212, 246).

4.8 Bedeutung des Weltbildes

Psychotisches Erleben lässt sich in der Regel nicht in das westliche Weltbild integrieren, da dies durch eine analytische und auf Prinzipien der klassischen Logik zurückzuführende Wissenschaft geprägt ist. Die beobachtbare und reproduzierbare Realität hat einen eindeutigen Vorrang vor der individuell erlebten Realität. Die in der westlichen Kultur damit notwendig verbundene Kollision des psychotischen Erlebens als nur dem individuellen Subjekt zugängliche, und damit anderen nicht mitteilbare (Scharfetter 1986:71), Realität mit dem Weltbild führt damit erst zu einer Krankheit, wie der Schizophrenie, und muss sich damit unbedingt negativ auf den weiteren Verlauf der Störung auswirken. Denn nicht die alleinige Qualität des psychotischen Erlebens macht dieses pathologisch. Letztendlich entscheidet die umgebende Kultur oder Gruppe, ob ein Mensch mit psychotischem Erleben als „Kranker“ klassifiziert wird, oder ob ihm die Rolle des „heilbringenden“ Auserwählten zuerkannt wird (La Barre 1990:266). Schizophrene empfinden zum Teil ihre Erlebnisse in der Psychose als bewusstseinserweiternd im Sinne tieferer Einblicke in übersinnliche Sphären des Überbewusstseins. Die Trennung von Pathologie und erweitertem Bewusstsein verläuft vielmehr in der Fähigkeit des Einzelnen, diese Erfahrungen sinngebend zu verarbeiten und in das Alltagsleben zu integrieren (Scharfetter 1986:10-11). Gelingt diese Integration, so ist die Psychose als pathologischer Zustand in einem Selbstheilungsprozess überwunden (Scharfetter 1986:15), wobei die kulturspezifisch zur Verfügung gestellten Integrationsmöglichkeiten eine nicht zu unterschätzende Rolle spielen, respektive die Möglichkeit oder Fähigkeit, das Erlebnis in einen religiösen Kontext einzubinden (Eliade 1957:36).

Schamanistische Kulturen besitzen generell eine eher überschaubare Gesellschaftsstruktur ohne größere politische Organisation mit einer häufig (semi-)nomadischen Lebensweise ohne umfassende agrarische Subsistenz (Winkelman 1986:36-37). Sie bieten schon dadurch günstigere Voraussetzungen für eine Integration bzw. Stabilisierung von Psychosen (Pfeiffer 1994:25-26).

Zusätzlich wird die Umwelt völlig anders als in westlich industrialisierten Kulturen erfahren. Gegenstände werden als beseelt bzw. belebt wahrgenommen, und der Mensch ist nur ein Teil einer alles umfassenden Ordnung. Das bei einer beginnenden Schizophrenie einsetzende Gefühl, dass vorher unbedeutende Dinge plötzlich eine besondere Bedeutung bekommen und damit erst zu weiteren Symptomen, wie verschiedenen Wahnideen, führen (Finzen 1995:116), kann in einem kulturellen Umfeld, in dem die Dinge tatsächlich eine innere Bedeutung besitzen, in das Weltbild integriert werden, ohne zu weitreichenden pathologischen Wahnideen, insbesondere Beziehungs- und Verfolgungswahn, zu führen.

Einen wichtigen Aspekt im Leben der Menschen in schamanistischen Kulturen nehmen verschiedene Geister ein, die in vielfältiger Weise auf den Menschen einwirken. Als notwendige Konsequenz daraus suchen die Menschen dieser Kulturen den Kontakt mit diesen Geistern und deuten verschiedene Ereignisse als deren direkte Handlungsauswirkungen. Durch diese kulturell determinierte Weltsicht können subjektive Erlebnisse eines Schamanen unter Trance von den bei der Séance Anwesenden als Seelenreise verstanden werden (Nordland 1967:168). Entsprechend werden die Erlebnisse unter Einfluss psychotroper Substanzen als Kontaktaufnahme mit den Geistern gewertet, und so können plausibel auch die während einer Psychose gleichartig gesehen werden. Diese in ihrer Art persönlichen und subjektiven Erfahrungen können in diesem kulturellen Umfeld in die Gemeinschaft zurückgeführt werden (Vitebsky 1998:138). Sie bieten damit psychotischen Menschen die Möglichkeit, ihr Erleben anderen verständlich mitzuteilen. Dadurch lassen sich die in westlichen Kulturen aus psychotischen Erlebnissen häufig resultierenden Folgen, wie Panik, Ratlosigkeit und Einsamkeit, vermeiden (Scharfetter 1986:71).

Allgemein hat die individuell erlebte Realität einen festen Platz in der kulturellen Realität, so dass auch Träume eine direktere Bedeutung im Alltag haben, als dies in westlichen Kulturen der Fall ist. Für die Nanaien und Ultschen ist belegt, dass sie in Träumen eine tatsächliche Reisen der Seele in andere Weltenschichten sehen (Smoljak 1998:25).

Damit stellen diese Kulturen einem psychotischen Menschen ein Deutungsmodell zur Verfügung, das sich Menschen mit psychotischem Erleben für einen erfolgreichen Umgang in unserer westlichen Kultur in der Regel erst erarbeiten müssen. Über die reine

Integration psychotischen Erlebenes hinaus kann in schamanistischen Kulturen als Konsequenz dieser Betrachtungsweise eine Person, die in westlichen Kulturen als „krank“ eingestuft wird, eine prominente Position erhalten, da sie Teile der kulturellen Realität erfahren kann, die anderen verschlossen bleiben.

In diesem Zusammenhang müssen noch einmal diejenigen Stimmenhörer und Psychotiker erwähnt werden, die es geschafft haben, in unserer Kultur mit dem Phänomen zurechtzukommen, und die zum Teil erst durch die psychotischen Symptome eine herausragende Rolle innerhalb einer bestimmten Gruppe von „Gläubigen“ einnehmen konnten. Bei näherer Betrachtung lässt sich in ihrer Umgangsweise mit der veränderten Wahrnehmung ein Wechsel in ihrem Weltbild erkennen. Sie interpretieren ihre Stimmen als von übernatürlichen Geistwesen stammend, verlassen also damit das wissenschaftliche Weltbild. Dieses Aufbrechen des klassischen westlichen Weltbildes ist jedoch nur auf ihr direkt mit dem Stimmenhören verbundenes Erleben beschränkt, da sie ansonsten nicht ein „normales“ Leben in unserer Gesellschaft führen könnten.

Beispielhaft verdeutlichen lässt sich dieser Zusammenhang am Fall eines Mannes, der mehr als 10 Jahre lang „Visionen“ hat und diese als gläubiger Mormone für heilig, von Gott gegeben hält. Er vergleicht sie mit den Visionen des Religionsgründers selbst und hat folglich durch diese Realitätsauffassung keine Probleme, bezeichnet im Gegenteil die Visionen als „Kraftbringer“. Dieser Zustand ändert sich erst dadurch, dass er sich mit Büchern beschäftigt, die die Welt als rein physikalisch beschreibbar im Sinne der modernen Physik erklären. Er kann seine Erfahrungen damit nicht mehr sinnvoll erklären und wird in direkter Folge in die Psychiatrie eingewiesen. Dort gelingt ihm jedoch eine Reintegration des psychotischen Erlebens als „Werk Luzifers“, da er an Gott gezweifelt habe. Mit dieser Rückbesinnung auf seinen religiösen Glauben stabilisiert sich die Psychose und lässt sich wieder integrieren. Er kann die Psychiatrie wieder verlassen, obwohl die psychotischen Symptome formal andauern (Bock 1997a:216-219).

5 Ergebnis

Die vorangegangene Untersuchung hat gezeigt, dass die an älteren Arbeiten zu ähnlichen Fragestellungen geäußerte Kritik in keinem Fall einer detaillierten Überprüfung standgehalten hat. Die isolierten Ungenauigkeiten älterer Untersuchungen konnten ebenfalls ausgeräumt werden. Dabei zeigte sich, dass die Verfechter einer Sonderstellung der schamanischen Erlebnisse gegenüber der Schizophrenie die kulturellen, modifizierend wirkenden Rahmenbedingungen unbeachtet lassen oder als Argument gegen einen Zusammenhang benutzen (z. B. Walsh 1998:94-95). Die Tatsache, dass psychotisches Erleben in einer Kultur, die wie die westliche keine spezifischen Integrationsmöglichkeiten anbietet, unbedingt eine andere, negativere Auswirkung auf die betreffende Person haben muss, blieb unbeachtet. Auch entstand der Eindruck, dass die oft vehemente Ablehnung des genannten Zusammenhangs (etwa Walsh 1998:108-111) durch romantisierende und idealisierende Vorstellungen über den Schamanen an sich beeinflusst war, verbunden mit einer extremen Stigmatisierung der Schizophrenie.

Es ist mit Rücksicht zugrunde liegenden Daten also durchaus möglich, zukünftige Schamanen im Rahmen der hier verwendeten Krankheitsdefinition als schizophren zu diagnostizieren, da die beschriebenen Symptome mit typischen Symptomen der Schizophrenie übereinstimmen und zusätzlich die Kultur selbst diese Menschen als krank ansieht. In diesen Fällen sind die vollen, unveränderten Kriterien des DSM-III-R erfüllt, lediglich die kulturelle Akzeptanz gegenüber den Inhalten der Wahnvorstellungen und Halluzinationen bleibt unberücksichtigt.

Für praktizierende Schamanen ist eine solche generelle Krankheitszuweisung schon aufgrund der sozialen Integration nicht möglich. Es lässt sich auch keine andere Psychose diagnostizieren, da in den entsprechenden Kulturen häufig kein Krankheitsbegriff vorliegt. Sie zeigen dabei aber zum großen Teil durchaus Symptome, die sich als psychotisch bezeichnen lassen, und weisen keine Charakteristika auf, die einer schizophrenen Symptomatik widersprechen würden. Auch sind Rückfälle mit der Symptomatik der Initiationskrankheit beschrieben worden, wobei diese Zustände dann auch in der betreffenden Kultur als Erkrankung des Schamanen angesehen werden. In diesen Fällen wäre also auch eine Psychose, etwa die Schizophrenie, theoretisch diagnostizierbar, allerdings nur unter Berücksichtigung der erwähnten Modifizierung der

Schizophrenie-Diagnostik*. Zusätzlich lässt die Struktur des Schamanismus an sich die plausible Vermutung zu, dass dieser ursprünglich auf Menschen mit psychotischen Symptomen ausgerichtet war und wesentliche Bestandteile, wie die „überwundene" Initiationskrankheit, der Rekrutierung derjenigen Menschen dienten, die sich „erfolgreich" mit ihren psychotisch veränderten Wahrnehmungen arrangiert hatten.

Aus der Benennung dieser Zustände mit psychiatrischen Termini ist keine Behandlungsbedürftigkeit abzuleiten, da die betreffenden Personen in ihr kulturelles Umfeld integriert sind und einen festen Bestandteil der Kultur darstellen. Für eine tatsächliche Behandlungsbedürftigkeit müsste erst das vom DSM-III-R geforderte Kriterium der von der Kultur als abwegig gesehenen Wahninhalte und Halluzinationen erfüllt sein (DSM-III-R:245). Dies ist in den beschriebenen Kulturen jedoch nicht der Fall, da sie die Halluzinationen und eventuelle Wahninhalte als Kontakte zu Geistwesen bzw. Verfolgung durch dieselben ansehen und die erkrankten Personen als von Geistern heimgesucht sehen und entsprechend behandeln.

Im Rahmen dieser Feststellungen lässt sich also eine typische, allerdings idealisierte, Karriere eines Schamanen etwa wie folgt darstellen: Ein Mensch entwickelt die typischen Anzeichen einer Psychose, etwa einer Schizophrenie, wobei sich akustische Halluzinationen in Form von zu ihm redenden Geistern einstellen. Daraus resultiert ein Verfolgungswahn, die Geister wollen ihn zwingen, Schamane zu werden. Dieser Zustand spitzt sich weiter zu, bis sich schließlich typische Körperhalluzinationen derart konzentrieren, dass der zukünftige Schamane in seinem Initiations-„traum" glaubt, von Geistern zerstückelt zu werden. In einer maximalen Verdichtung dieser Vorstellungen, dem empfundenen Tod der eigenen Person, überwindet der damit entstehende Schamane die Hilflosigkeit und das Ausgeliefertsein gegenüber den Geistern und akzeptiert, dass er ein Schamane ist. Damit geht die Akzeptanz der realen Existenz der Geister einher. Es bleibt jedoch ein psychotischer Restzustand erhalten, da der Schamane immer noch in Abhängigkeit von den Geistern bleibt, und häufig Rückfälle in das ursprüngliche Erleben vor der Initiation auftreten. Diese werden dann in speziellen Séancen wieder (vorübergehend) ausgeglichen. Wenn der Schamane sich während einer Séance in Ekstase versetzt, ist nicht genau unterscheidbar, ob es sich um ein Wiederaufleben der

---

* siehe Kapitel 2.6

Psychose handelt oder um die Wirkung von Halluzinogenen oder anderen Verfahren. Dabei bleibt jedoch zu beachten, dass auch Halluzinogene und andere trance-induzierende Verfahren eine ruhende Psychose wiederbeleben können. Gespielte Trancen sollten sich jedoch bei ausreichend genauen Daten erkennen lassen, und sie ziehen ihre Nahrung entweder aus mythischen Erzählungen oder aus der Erinnerung an vorangegangene Erlebnisse.

6 Ausblick

Die hier vorliegende Untersuchung kann, durch Art und Umfang bedingt, viele Probleme im Zusammenhang mit der zugrunde liegenden Fragestellung nicht oder nur zum Teil beantworten. Besonders ihre Art als qualitative Untersuchung legt die Frage nahe, ob sich die gefundenen Zusammenhänge auch im Rahmen einer quantitativen Untersuchung als relevant bestätigen lassen können. Dazu müssten möglichst alle verfügbaren Biographien und Beschreibungen von sibirischen Schamanen daraufhin untersucht werden, ob die Häufigkeit feststellbarer psychotischer Symptome bei diesen über der in der gesamten Population liegt. Auch dieser Wert müsste zuerst festgestellt werden. Von Bedeutung wäre in diesem Zusammenhang auch eine Klärung des Krankheitsverständnisses psychischer Krankheiten in dem untersuchten Raum.

Eine sprachwissenschaftliche Klärung des vermuteten Zusammenhangs zwischen den Begriffen für Schamanen und Verrückte könnte zu weiterführenden Ergebnissen führen, ebenso wie die Beantwortung der Frage nach der möglichen Vereinbarkeit von bei Schamanen beschriebenen sprachlichen Besonderheiten und schizophrenietypischen Sprachveränderungen.

Ebenso erscheint es lohnend, von Schamanen hergestellte oder dekorierte Objekte einem weit angelegten Vergleich mit den Werken Schizophrener und anderer Psychotiker zu unterziehen.

Zu hoch angesetzt wäre wohl die Hoffnung, dass auch die Psychiatrie Überlegungen zu einer Nutzung der festgestellten Entsprechungen zwischen Schamanen und Schizophrenen anstellen würde, um diese etwa in alternative Therapiekonzepte zu integrieren.

Weiterhin bleibt zu hoffen, dass auch eher auf esoterischer Ebene an Schamanismus Interessierte das Ergebnis dieser Untersuchung akzeptieren können, ohne sich persönlich angegriffen zu fühlen. Die subjektive Erlebensqualität im Rahmen persönlicher schamanischer Erfahrungen sollte nichts an individueller Bedeutung einbüßen. Vielmehr könnte umgekehrt das Wissen, Erlebnisse in ähnlicher Qualität mit manchen Menschen mit Psychosen zu teilen, deren Stigmatisierung ein wenig reduzieren helfen.

Bibliographie

Ader, Robert, and Nicholas Cohen
1993 Psychoneuroimmunology: conditioning and stress. Annual Review of Psychology 44:53-85

Al-Issa, Ihsan
1978 Sociocultural factors in hallucinations. International Journal of Social Psychiatry 24:167-176

Anonym 1
1997 »Führender Geist«, in: Romme & Escher 1997:66-69

Anonym 2
1997 »Eine große innere Kraft«, in: Romme & Escher 1997:74-78

Anonym 3
1997 »Lebende Vorstellung«, in: Romme & Escher 1997:78-84

Arieti, Silvano
1980 Psychotherapy of schizophrenia: new and revised procedures. American Journal of Psychotherapy 34:464-476

A.B.*
1997 »Entdeckungsreisender im Dschungel der Illusionen«, in: Romme & Escher 1997:129-136

A.L.*
1997 »Ein Meer von Geräuschen«, in: Romme & Escher 1997:142-147

Basilow, Wladimir Nikolajewitsch
1995 Das Schamanentum der Völker Mittelasiens und Kasachstans (Mittelasiatische Studien; 1). Berlin: Schletzer

Bentall, Richard
1997 Kognitive Modelle, in: Romme & Escher 1997:174-180

Bleuler, Eugen
1911 Dementia Praecox oder Gruppe der Schizophrenien (Handbuch der Psychiatrie; Spezieller Teil, 4. Abteilung, 1. Hälfte). Leipzig; Wien: Deuticke

1975 Lehrbuch der Psychiatrie. 13. Auflage, neubearbeitet von Manfred Bleuler. Berlin; Heidelberg; New York: Springer

* Diese Autoren haben zur Wahrung ihrer Anonymität lediglich ihre Initialen angegeben.

Bleuler, Manfred

1972 Die schizophrenen Geistesstörungen im Lichte langjähriger Kranken- und Familiengeschichten. Stuttgart: Thieme

Bock, Thomas

1997a Lichtjahre - Psychosen ohne Psychiatrie: Krankheitsverständnis und Lebensentwürfe von Menschen mit unbehandelten Psychosen. Bonn: Psychiatrie-Verlag

1997b Stimmenhören in Deutschland, in: Romme & Escher 1997:30-38

Bock, Thomas et al. (Hrsg.)

1995 Abschied von Babylon: Verständigung über Grenzen in der Psychiatrie. Bonn: Psychiatrie-Verlag

Böning, Jobst

1997 Psychosen, endogene, in: Wilhelm Arnold, Hans Jürgen Eysenck, Richard Meili (Hrsg.), Lexikon der Psychologie:1803. Augsburg: Bechtermünz

Bogoras, Waldemar G.

[1991] Eine schamanische Séance bei den Küsten-Tschuktschen, in: Tromnau & Löffler [1991]:48-55

Ciprian-Ollivier, Jorge, and Marcelo G. Cetkovich-Bakmas

1997 Altered consciousness states and endogenous psychoses: a common molecular pathway? Schizophrenia Research 28:257-265

Claußen, Hans Jürgen

1995 Meine Psychose, in: Bock et al. 1995:178-182

Cooper, John E.

1997 Schizophrenie, in: Wilhelm Arnold, Hans Jürgen Eysenck, Richard Meili (Hrsg.), Lexikon der Psychologie:1981-1988. Augsburg: Bechtermünz

Czaplicka, Marie Antoinette

1914 Aboriginal Siberia: a study in social anthropology. Oxford: At The Clarendon Press

de Bruijn, Gerda

1997 Psi, Psychologie und Psychiatrie, in: Romme & Escher 1997:39-45

Devereux, George

1971 Normal and abnormal: the key problem of psychiatric anthropology, in: Some uses of anthropology: theoretical and applied. Second Printing:23-48. Washington: The Anthropological Society

Diagnostisches und statistisches Manual psychischer Störungen: DSM-III-R

1991 3., korrigierte Auflage. Weinheim: Beltz

Diószegi, Vilmos
1959 Der Werdegang zum Schamanen bei den nordöstlichen Sojoten. Acta Ethnographica 8:269-291

Diószegi, Vilmos (Hrsg.)
1963 Glaubenswelt und Folklore der sibirischen Völker. Budapest: Verlag der Ungarischen Akademie der Wissenschaften

Dittrich, Adolf
1996 Ätiologie-unabhängige Strukturen veränderter Wachbewußtseinszustände: Ergebnisse empirischer Untersuchungen über Halluzinogene I. und II. Ordnung, sensorische Deprivation, hypnagoge Zustände, hypnotische Verfahren sowie Reizüberflutung (Ethnomedizin und Bewußtseinsforschung). 2. Auflage. Berlin: Verlag für Wissenschaft und Bildung

DSM-III-R, siehe:
Diagnostisches und statistisches Manual [...]

Ebigbo, Peter
1995 Traditionelles Krankheitsverständnis der Schizophrenie und ihre Therapie in Afrika, in: Bock et al. 1995:375-380

Eliade, Mircea
1957 Schamanismus und archaische Ekstasetechnik. Zürich; Stuttgart: Rascher

Escher, Sandra
1997a Stimmenhören bei Kindern, in: Romme & Escher 1997:55-59

1997b Über Stimmen reden, in: Romme & Escher 1997:46-54

Findeisen, Hans
1960 Das Schamanentum als spiritistische Religion. Ethnos 25:192-213

Finzen, Asmus
1995 Schizophrenie: die Krankheit verstehen. 3., korrigierte Auflage. Bonn: Psychiatrie-Verlag

Fischman, Lawrence G.
1983 Dreams, hallucinogenic drug states, and schizophrenia: a psychological and biological comparison. Schizophrenia Bulletin 9:73-94

Furst, Peter T. (ed.)
1990 Flesh of the gods: the ritual use of hallucinogens. Reissued with changes. Prospect Heights: Waveland

Gercke, Hans, und Inge Jarchov (Hrsg.)
1980 Die Prinzhorn-Sammlung: Bilder, Skulpturen, Texte aus Psychiatrischen Anstalten (ca. 1890-1920). Königstein/Ts.: Athenäum

Goldblatt, David
1995a Die Psychose durcharbeiten, in: Bock et al. 1995:325-332

1995b Zwei Wochen des Dabeiseins: die Integration der Psychose in die Person, in: Bock et al. 1995:223-230

Goldwert, Marvin
1992a Creative personality in schizophreniform disorder. Psychological Reports 70:228-230

1992b The psychiatrist as shaman: Sullivan and Schizophrenia. Psychological Reports 70:669-670

Golzio, Karl-Heinz
1988 Ekstase, in: Walter Hirschberg (Hrsg.), Neues Wörterbuch der Völkerkunde:113-114. Berlin: Reimer

Haas, Eberhard
1980 Spuren einer Grundsprache, in: Gercke & Jarchov 1980:85-98

Haas, Jochen U.
1976 Schamanentum und Psychiatrie: Untersuchung zum Begriff der „arktischen Hysterie" und zur psychiatrischen Interpretation des Schamanentums zirkumpolarer Völker. Freiburg i. Br., Univ., Diss.

Haase, Evelin
[1991] Schamanismus - Begegnung mit der Geisterwelt, in: Tromnau & Löffler [1991]:10-21

Harner, Michael J. (ed.)
1973 Hallucinogens and shamanism. New York: Oxford University Press

Heyne, F. Georg
1997 Die schamanistische Séance (*Kamlan'e*) bei den Rentier-Ewenken in der Taiga Nordost-Chinas: Dargestellt unter Verwendung der Feldaufzeichnungen von Frau Dr. Ethel J. Lindgren, in: Jahrbuch des Museums für Völkerkunde zu Leipzig; 41:105-112. Münster; Hamburg: Lit

Hölling, Iris
1995 Was kann ich tun, wenn ich verrückt werde? Gedankensplitter zur Diskussion, in: Bock et al. 1995:194-195

Hoenig, Julius
1995 Schizophrenia: clinical section, in: German E. Berrios and Roy Porter (eds.), A history of clinical psychiatry: the origin and history of psychiatric disorders:336-348. London: Athlone

Hofkamp, Anna
1997 »Zwei Ichs«, in: Romme & Escher 1997:69-74

Houran, James, Rense Lange and Michelle Crist-Houran
1997 An assessment of contextual mediation in trance states of shamanic journeys. Perceptual and Motor Skills 85:59-65

Huber, Gerd, and Gisela Gross
1989 The concept of basic symptoms in schizophrenic and schizoaffective psychoses. Recenti Progressi in Medicina 80:646-652

Jesperson, Maths
1995 Die Befreiung von der psychiatrischen Diagnostik durch Selbsthilfe, in: Bock et al. 1995:195-200

Kleinman, Joel Edward, John Christian Gillin and Richard Jed Wyatt
1977 A comparison of the phenomenology of hallucinogens and schizophrenia from some autobiographical accounts. Schizophrenia Bulletin 3:560-586

Krippner, Stanley
1993 Some contributions of native healers to knowledge about the healing process. International Journal of Psychosomatics 40:96-99

La Barre, Weston
1990 Hallucinogens and the shamanic origins of religion, in: Furst 1990:261-278

Lamparter, Dieter, und Adolf Dittrich
1996 Intraindividuelle Stabilität von anderen Bewußtseinszuständen unter sensorischer Deprivation, N,N-Dimethyltryptamin (DMT) und Stickoxydul, in: Hanscarl Leuner und Michael Schlichting (Hrsg.), Jahrbuch des Europäischen Collegiums für Bewußtseinsstudien 1995, 33-43. Berlin: Verlag für Wissenschaft und Bildung

Langenstein, Gottfried
1990 Die Morphologie des schizophrenen Traums. München, Univ., Diss.

Lehtisalo, Toivo V.
1937 Der Tod und die Wiedergeburt des künftigen Schamanen. Journal de la Société finno-ougrienne 48,3:1-34

Lewis, Ioan Myrddin
1989 Ecstatic religion: a study of shamanism and spirit possession. Second edition. London; New York: Routledge

Lorr, Maurice
1997 Psychosen, in: Wilhelm Arnold, Hans Jürgen Eysenck, Richard Meili (Hrsg.), Lexikon der Psychologie:1796-1803. Augsburg: Bechtermünz

McGuire, Philip Kevin, et al.
1995 Abnormal monitoring of inner speech: a physiological basis for auditory hallucinations. The Lancet 346:596-600

Mankowski, Paul
1988 Studien zur Persönlichkeit des Mystikers und des Schamanen: ein religionsgeschichtlicher Vergleich, durchgeführt am Beispiel der Mystik der Teresa von Avila und der Schamanen einzelner Gruppen des nordasiatischen (sibirischen) Schamanismus. Saarbrücken, Univ., Diss.

Maurer, Ronald L. et al.
1997 Phenomenological experience in response to monotonous drumming and hypnotizability. American Journal of Clinical Hypnosis 40:130-145

Menges, Karl H. (Hrsg.)
1983 Materialien zum Schamanismus der Ewenki-Tungusen an der mittleren und unteren Tunguska: gesammelt und aufgezeichnet von I. M. Suslov 1926/1928 (Studies in Oriental Religions; 8). Wiesbaden: Harrassowitz

1993 Drei Schamanengesänge der Ewenki-Tungusen Nord-Sibiriens: aufgezeichnet von Konstantin Mixajlovic Ryckov in den Jahren 1905/1909 (Abhandlungen der Nordrhein-Westfälischen Akademie der Wissenschaften; 89). Opladen: Westdeutscher Verlag

Meyer Bd. 6, siehe:
Meyers Großes Taschenlexikon [...]

Meyers Großes Taschenlexikon in 24 Bänden
1983 herausgegeben von der Lexikonredaktion des Bibliographischen Instituts, Band 6. Mannheim; Wien; Zürich: Bibliographisches Institut

Noll, Richard
1983 Shamanism and schizophrenia: a state-specific approach to the "Schizophrenia Metaphor" of shamanic states. American Ethnologist 10:443- 459

Nordland, Odd
1967 Shamanism as an experience of "the unreal", in: Carl-Martin Edsman (ed.), Studies on shamanism: based on papers read at the Symposium on Shamanism held at Åbo on the 6th – 8th of september, 1962 (Scripta Instituti Donneriani Aboensis; 1):166-185. Stockholm: Almqvist & Wiksell

Oppitz, Michael
1993 Wie heilt der Heiler? Schamanische Praxis im Himalaya. Psychotherapie, Psychosomatik, medizinische Psychologie 43:387-395

Pfeiffer, Wolfgang M.

1994 Transkulturelle Psychiatrie: Ergebnisse und Probleme (Sammlung psychiatrischer und neurologischer Einzeldarstellungen). 2., neuberab. u. erw. Aufl. Stuttgart; New York: Thieme

Popow, Anatolij A.

1963 Wie Sereptie D'arouskin zum Schamanen erwählt wurde: aus dem ethnographischen Material der Nganasanen (Tawgy-Samojeden), in: Diószegi 1963:149-159

Romme, Marius, und Sandra Escher

1997 Stimmenhören akzeptieren. Bonn: Psychiatrie-Verlag

Sandschejew, Garma

1927/28 Weltanschauung und Schamanismus der Alaren-Burjaten. Anthropos 22:576-613; 22:933-955; 23:538-560; 23:967-986

Sartorius, Norman et al.

1986 Early manifestations and first-contact incidence of schizophrenia in different cultures: a preliminary report on the initial evaluation phase of the WHO Collaborative Study on Determinants of Outcome of Severe Mental Disorders. Psychological Medicine 16:909-928

Scharfetter, Christian

1985 Der Schamane: Zeuge einer alten Kultur - wieder belebbar? Schweizer Archiv für Neurologie, Neurochirurgie und Psychiatrie 136,3:81-95

1986 Schizophrene Menschen: Bewußtseinsbereiche und Psychopathologie, Ich-Psychopathologie des schizophrenen Syndroms, Forschungsansätze und Deutungen, Therapiegrundsätze. 2. neubearbeitete Auflage. München: Psychologie Verlags Union; München: Urban & Schwarzenberg

1994 „Ich und die Welt sind eines" - Textfragmente zum Erleben einer schizophrenen Psychose. Vortrag zum XIV. Weltkongress für Soziale Psychiatrie vom 5. - 10. Juni 1994 in Hamburg. Hamburg: Art & Text

Schmidbauer, Wolfgang

1997 Trance, in: Wilhelm Arnold, Hans Jürgen Eysenck, Richard Meili (Hrsg.), Lexikon der Psychologie:2343. Augsburg: Bechtermünz

Schulz, Hugo

1956 Vorlesungen über Wirkung und Anwendung der deutschen Arzneipflanzen für Studierende und Ärzte. 4. Auflage. Ulm: Haug

Shirokogoroff, Sergej Michailovic

1935 Psychomental complex of the Tungus. London: Kegan Paul, Trench, Trubner

Siikala, Anna-Leena

1985 Comments on Richard Noll (1985). Current Anthropology 26:455-456

Silverman, Julian
1967 Shamans and acute schizophrenia. American Anthropologist 69:21-31

Smoljak, Anna Wasiljewna
1998 Der Schamane: Persönlichkeit, Funktion, Weltanschauung (Ethnologische Beiträge zur Circumpolarforschung; 4). Berlin: Schletzer

Snyder, Solomon Halbert
1988 Chemie der Psyche: Drogenwirkungen im Gehirn. Heidelberg: Spektrum

Tromnau, Gernot, und Ruth Löffler (Redaktion)
[1991] Schamanen: Mittler zwischen Menschen und Geistern; Begleitband zur Ausstellung im Kultur- und Stadthistorischen Museum Duisburg. Duisburg: Kultur- und Stadthistorisches Museum

Tschubinow, Georg
1914 Beiträge zum psychologischen Verständnis des sibirischen Zauberers. Halle A. S., Univ., Diss.

van Binsbergen, Han
1997 Eine karmische Perspektive, in: Romme & Escher 1997:119-123

van Laarhoven, Jan
1997 Funktionelle Analyse, in: Romme & Escher 1997:157-168

Vitebsky, Piers
1998 Schamanismus: Reisen der Seele, magische Kräfte, Ekstase und Heilung. München: Knaur

Wadeson, Harriet, and William T. Carpenter
1976 Subjective experience of schizophrenia. Schizophrenia Bulletin 2:302-316

Walsh, Roger N.
1998 Der Geist des Schamanismus. Frankfurt am Main: Fischer Taschenbuch

Wassiljewitsch, Glafira Makarovna
1963 Schamanengesänge der Ewenken (Tungusen), in: Diószegi 1963:381-404

Wasson, Robert Gordon
1990 What was the Soma of the Aryans? in: Furst 1990:201-213

Wilbert, Johannes
1990 Tobacco and shamanistic ecstasy among the Warao Indians of Venezuela, in: Furst 1990:55-83

Winkelman, Michael James
1986 Magico-religious practitioner types and socioeconomic conditions. Behavior Science Research 20:17-46

Wright, Peggy Ann
1995 The interconnectivity of mind, brain, and behavior in altered states of consciousness: focus on shamanism. Alternative Therapies in Health and Medicine 1,3:50-56

Anhang

Beschreibung der Wirkung von Halluzinogenen I. Ordnung nach Dittrich (1996:31-32):

> Triviale Dinge des Alltags erhalten eine Frische und Ausstrahlungskraft, als würden sie zum ersten Male gesehen. Sie sind aus dem üblichen Kontext, dem normalen Figur-Grund-Verhältnis, herausgelöst und so von ungewohnter Bedeutung: Farben haben eine gesteigerte Brillanz, sie sind leuchtender und satter. Sonst kaum hörbare Geräusche werden manchmal übermäßig, teilweise sogar fast schmerzhaft laut gehört. Auch Gerüche können intensiver hervortreten und zu affektgeladenen Erinnerungen Anlaß geben.
> Dieses Erleben ist äußerst unstabil, es verändert sich meist ruckartig oder vibrierend. Bei geschlossenen Augen oder in abgedunkelten Räumen tritt oft ein lebhaftes Spiel von Farben und Formen auf. Es kommt zu einer kaleidoskopartigen Vielfalt sich bewegender, optischer Erscheinungen. Diese reichen von einfachen, wenig strukturierten Bildern (sog. „Elementarhalluzinationen") bis zu hochkomplexen szenischen Abläufen (sog. „komplexen Halluzinationen" bzw. „Visionen"). Es flackert, glitzert und sprüht wie Feuerwerk, Farben fließen ineinander. Kreise, Ellipsen, rasende Strudel und Spiralen, glänzende Perlen, Ornamente und Arabesken werden gesehen. Diese strukturieren sich oft zu phantastischen Landschaften, zu Fratzen und Masken, zu „übernatürlichen" Wesen und zu Bildern aus dem Weltall. Manchmal treten auch Synästhesien auf, d. h. Töne setzen sich in optische Erscheinungen um; die Vision einer Landschaft verändert sich im Rhythmus der Musik, Handbewegungen erzeugen Farben und Geräusche. Mit offenen Augen ist die Dauer von Nachbildern meist stark verlängert, was zu Überlagerungen mit anderen Wahrnehmungsgegenständen führt. Auch werden an im normalen Wachbewußtsein weißen, strukturlosen Wänden optische Erscheinungen gesehen. Normalerweise banal wirkende Musik kann wie ein phantastisches Konzert gehört werden. Insgesamt treten aber Veränderungen der akustischen Wahrnehmung in den Hintergrund. Nur gelegentlich werden Geräusche, Musik und Stimmen gehört, die für Menschen im normalen Wachbewußtsein nicht hörbar sind.
> Auch Raum und Zeit sind verändert. Gegenstände haben neue Proportionen, sie weiten oder verengen sich, Flächen pulsieren, und es ergeben sich ungewöhnliche Perspektiven. Die Zeit steht still oder (seltener) rast. Oft befindet man sich in einer Art Zeitlosigkeit, einer punktuellen Gegenwart ohne Vergangenheit und Zukunft.

Das Körperschema ist verändert. Man ist riesengroß oder zwergenhaft, einzelne Glieder sind fremd und abgelöst vom übrigen Körper oder in den Proportionen verändert. Der Körper ist besonders schwer oder leicht, wobei dies oft mit „Schweben" oder „Fliegen" einhergeht. Manchmal zerfließt der Körper in jeder Richtung, er verschmilzt mit der Umgebung, und man wird schließlich körperlos. Seltener ist das Ich außerhalb des Körpers und beobachtet ihn.

Die willkürliche motorische Koordination fällt unter diesen Umständen schwer; Bewegungen bleiben im Ansatz stecken, besonders wenn in der Zeitlosigkeit vergessen wird, was man gerade intendierte. Die Auflösung der Ich-Grenzen wird manchmal zu einem mystischen Einswerden mit dem Kosmos. Feierlichkeit und außerordentliche Glücksgefühle herrschen vor, oft begleitet von einer Erleuchtung, in der alles evident ist. Der Anblick einer Blume, eines Schuhs oder eines Kaffeeflecks kann zu einer Offenbarung werden. In diese Verschmelzung werden gelegentlich auch andere Personen einbezogen, mit denen man nonverbal und manchmal sogar telepathisch besser als verbal zu kommunizieren scheint.

Die Sprache des normalen Wachbewußtseins ist verändert: Wörter haben eine andere Bedeutung; eigentümliche linguistische Nuancen werden erlebt.

Geschwindigkeit und Inhalt des Denkens machen wesentliche Wandlungen durch. Oft stürzen so viele Gedanken auf einen ein, daß man fortwährend vergißt, was man gerade sagen wollte. Es fluten vielfältige Gedankenbruchstücke ineinander. Andererseits bleibt man manchmal an einem Gedanken hängen und kommt von ihm nicht los. Der Gedankengang ist sprunghaft, wenig zusammenhängend.

Die Selbstbeobachtung bleibt jedoch in der Regel erhalten. Man vergißt auch nur selten, daß der eigene Zustand auf die Einnahme eines Halluzinogens zurückzuführen ist. Es findet ein Häufiger und manchmal abrupter Wechsel der Stimmung statt: Die ganze Welt ist friedfertig; man fühlt sich gelöst und zufrieden. Solche Gefühle des Wohlbefindens, der ozeanischen Geborgenheit im All und Allmachtsgefühle wechseln jedoch oft abrupt mit Dysphorie oder sogar Ängsten. Die durch das Halluzinogen hervorgerufenen ungewöhnlich neuen Aspekte der Welt, die Veränderungen der vertrauten Umgebung und des gewohnten Ichs können außerordentlich bedrohlich wirken („bad trip"). Ängste treten auf, daß der Zustand nie wieder vorbeigehen wird, die übliche Selbstkontrolle für immer verloren ist und man geisteskrank wird. Dies ist vor allem der Fall, wenn bei sehr hoher Dosierung oder verlängerter VWB*-Dauer die Erinnerung verlorengeht, daß ein Halluzinogen eingenommen

---

* verändertes Wachbewusstsein

wurde. Ähnliches passiert häufig, wenn Halluzinogene unwissentlich appliziert werden. Mit der Angst vor dem Verlust der Selbstkontrolle kann die Umgebung verunsichernd wirken. Man fühlt sich von anderen ausgelacht, hypnotisiert, gesteuert und bedroht. Das ganze Erleben hat trotz klarem Bewußtsein oft die Qualität des Traumhaften.

Die Wirkung der Halluzinogene I. Ordnung klingt meist wellenförmig aus. Es kommt dann zu einem Hin- und Herschwanken zwischen der Welt des normalen Wachbewußtseins und der des VWB.

Peter Lang · Europäischer Verlag der Wissenschaften

Roderich Wahsner

Yoga – Lebensphilosophie und Erfahrungswissenschaft

Indiens Beitrag zur philosophia perennis und zur Transpersonalen Psychologie

Frankfurt/M., Berlin, Bern, Bruxelles, New York, Oxford, Wien, 2002. 166 S.
Schriften zur Meditation und Metitationsforschung.
Herausgegeben von Klaus Engel, Roderich Wahsner und Harald Walach. Bd. 4
ISBN 3-631-39325-3 · br. € 24.80

Ausgehend von einer lebensgeschichtlichen Erfahrung beschreibt der Autor die Wiederentdeckung seines Interesses für Grundfragen von Philosophie und Wissenschaft auf dem Weg des Yoga. Betrachtet wird Yoga gestützt auf Aussagen im Yogasutra Patanjalis: als Wissenschaft von Ruhe und Bewegung, als Indiens Beitrag zur Philosophie der einen Welt und Menschheit und als Beitrag zu der noch wenig anerkannten Transpersonalen Psychologie. Verbunden mit der Frage, warum Yoga in der allgemeinen Wahrnehmung bisher zumeist nur als System körperlicher Übungen gesehen wird, geht es um das Bemühen, die ihm zugrunde liegenden philosophischen und psychologischen Einsichten in die Struktur der Persönlichkeit und des menschlichen Geistes freizulegen.

Aus dem Inhalt: Über die Hintertreppe zurück zur Philosophie · Über *Anders* hinaus zur Yogaphilosophie? · Yoga als Wissenschaft von Ruhe und Bewegung · Yoga als Indiens Beitrag zur Philosophie der einen Welt und Menschheit · Yoga als Beitrag zur Transpersonalen Psychologie · Überblick über neuere überwiegend empirische Studien zu Yoga und Meditation

Frankfurt/M · Berlin · Bern · Bruxelles · New York · Oxford · Wien
Auslieferung: Verlag Peter Lang AG
Moosstr. 1, CH-2542 Pieterlen
Telefax 00 41 (0) 32 / 376 17 27

*inklusive der in Deutschland gültigen Mehrwertsteuer
Preisänderungen vorbehalten

Homepage http://www.peterlang.de